职业教育物流类专业产教融合创新教材

智能仓储设备运行与维护

组　编　北京华航唯实机器人科技股份有限公司
主　编　刘志坚
副主编　陈淑娴　张大维　李素雯
参　编　钟文娟　李玉清　林永纳　何懿婷　时　健

机械工业出版社

在快速发展的物流行业中，智能化已成为关键驱动力。本书主要包括八个项目：智能仓储概述、WMS的认知与应用、智能仓储中的信息化技术及应用、自动化仓库设计及运维、堆垛机的认知与运维、自动输送设备的认知与运维、智能拣选系统的认知与运维、智能仓储系统搭建与运维。本书不仅融合了行业新趋势，还提供了丰富的实操指导，旨在培养物流专业人才的专业能力和实际操作能力。

本书适合中高职物流设施运行与维护、现代物流管理、物流工程技术、机械制造及自动化等专业的学生使用，同时也可作为物流领域专业人士和自动化、信息化技术爱好者的参考资料。

图书在版编目（CIP）数据

智能仓储设备运行与维护 / 北京华航唯实机器人科技股份有限公司组编；刘志坚主编. -- 北京：机械工业出版社，2024.9. --（职业教育物流类专业产教融合创新教材）. -- ISBN 978-7-111-76700-8

Ⅰ．F253

中国国家版本馆CIP数据核字第2024MN8748号

机械工业出版社（北京市百万庄大街22号　邮政编码100037）
策划编辑：宋　华　　　　　责任编辑：宋　华　张美杰
责任校对：曹若菲　王　延　　封面设计：马若濛
责任印制：李　昂
北京新华印刷有限公司印刷
2024年11月第1版第1次印刷
184mm×260mm・12印张・286千字
标准书号：ISBN 978-7-111-76700-8
定价：39.80元

电话服务　　　　　　　网络服务
客服电话：010-88361066　机　工　官　网：www.cmpbook.com
　　　　　010-88379833　机　工　官　博：weibo.com/cmp1952
　　　　　010-68326294　金　书　网：www.golden-book.com
封底无防伪标均为盗版　机工教育服务网：www.cmpedu.com

Preface 前言

2021年10月14日在第二届联合国全球可持续交通大会上，习近平总书记发表主旨讲话强调，要大力发展智慧交通和智慧物流，推动大数据、互联网、人工智能、区块链等新技术与交通行业深度融合，使人享其行、物畅其流。近年来，为进一步推进现代物流体系的完善建设，国家各部门相继发布了《关于进一步降低物流成本实施意见》《"十四五"现代流通体系建设规划》等一系列相关政策，这些政策为智能仓储物流的发展提供了有力支持，因此在当前物流业和制造业深度融合的背景下，培养具备智能仓储领域专业知识和实践能力的人才尤为重要。

物流在现代社会中已经是不可或缺的部分，仓储活动是物流领域的一个中心环节，在物流领域中起着重要的作用，被称为"物流的支柱"。随着信息技术和人工智能的迅猛发展，智能仓储装备和技术也正经历着前所未有的革新。传统的仓储操作已经逐渐被自动化、智能化的解决方案所取代。机器人、自动化输送设备、智能储存系统等技术的广泛应用，正在改变着仓储行业的面貌。这些新技术的出现不仅提高了仓储操作的效率和准确性，还为企业带来了更多的灵活性和可持续发展的机会。

东莞市经济贸易学校联合北京华航唯实机器人科技股份有限公司共同编写了本书。本书结合当前物流行业的发展背景和人才需求，以培养学生具备智能仓储领域的专业知识和实践能力为出发点，解决物流类相关专业课程的开设问题。本书阐述了智能仓储的核心价值，包括提高仓储效率、优化库存管理、降低成本和提升客户服务质量等方面；详细介绍了智能仓储物流设备的主要系统构成，如自动化设备应用、数据采集与分析、物流信息系统集成等方面内容；提供了大量智能仓储物流设备的发展现状和应用案例，这为学生了解智能仓储的实际应用场景提供了实际参考，可帮助学生更好地掌握相关知识和技能。

本书在教学设计上重点考虑了模块化教学的模式，介绍了智能仓储系统的硬件组成要素，如自动化设备、传感器、射频识别系统、条码技术等；典型智能仓储系统的通信拓扑关系和软件拓扑关系，包括设备之间的通信连接和数据传输方式，以及不同软件模块的组成和相互关系；介绍了智能仓储系统的认知，包括仓库布局规划、入库操作流程和出库操作流程等方面的内容。本书致力于为学生提供实际应用的技术和操作技能，通过案例分析和实践练习等教学方法，使学生能够在课堂上进行更贴合实际的实际操作和模拟练习，旨在帮助他们在毕业后能够迅速适应并胜任职场工作。

本书由东莞市经济贸易学校刘志坚任主编，北京华航唯实机器人科技股份有限公司张大维、东莞市经济贸易学校陈淑娴和李素雯任副主编，东莞市经济贸易学校钟文娟、李玉清、林永纳、何懿婷以及北京华航唯实机器人科技股份有限公司时健也参与了编写。本书在编写过程中得到了专家的大力支持，在此一并表示由衷的感谢。

由于编者水平有限，对于书中不足之处，希望广大读者提出宝贵意见。

编 者

二维码索引

序号	名称	二维码	页码	序号	名称	二维码	页码
2-1	WMS的信息管理		023	5-1	堆垛机的位置示教		104
2-2	WMS的仓储数据配置		028	5-2	堆垛机的急停与恢复		112
2-3	BTB入库流程（WMS）		029	6-1	自动输送设备的点检与维护		135
2-4	BTB出库流程（WMS）		034	7-1	3D视觉的硬件连接与通信设置		143
3-1	RFID设备的硬件连接与通信配置		047	7-2	协作机器人系统的备份与恢复		151
3-2	标签的制作与托盘标记		058	8-1	单一装备模块的机械固定		164
3-3	3D视觉检测系统设置与建模		066	8-2	模块拼入时的电气网连接		167
3-4	托盘机的基本功能测试		076	8-3	智能仓储系统运行模式的切换		182

Contents 目录

前言

二维码索引

项目1 智能仓储概述 ———————————————————001
任务1 智能仓储概念认知　　//002
任务2 智能仓储系统的组成　　//006
项目评测　　//018

项目2 WMS的认知与应用 ———————————————019
任务1 WMS的认知　　//020
任务2 WMS的业务应用　　//026
项目评测　　//040

项目3 智能仓储中的信息化技术及应用 ——————————041
任务1 射频技术及应用　　//042
任务2 条码技术及应用　　//053
任务3 3D视觉检测技术及应用　　//063
任务4 传感器技术及应用　　//072
项目评测　　//080

项目4 自动化仓库设计及运维 —————————————081
任务1 自动化立库规划与设计　　//082
任务2 自动化立库的日常维保　　//094
项目评测　　//100

项目5 堆垛机的认知与运维 ——————————————101
任务1 巷道式堆垛机的认知及使用　　//102
任务2 堆垛机的日常运维　　//108
项目评测　　//114

项目6 自动输送设备的认知与运维 ———————————117
任务1 自动输送设备的认知及技术参数　　//118
任务2 自动输送设备的点检与维护　　//125
项目评测　　//138

目录 Contents

项目7 智能拣选系统的认知与运维 —————————— 139

    任务1　智能拣选系统的认知　　//140

    任务2　智能拣选系统的日常运维　　//146

    项目评测　//155

项目8 智能仓储系统搭建与运维 —————————— 157

    任务1　智能仓储硬件系统的搭建　　//158

    任务2　智能仓储系统的运维　　//170

    项目评测　//184

参考文献 ———————————————————————— 186

项目 1

智能仓储概述

项目导言

2019年12月18日，京东物流全面投用亚洲规模最大的一体化智能物流中心——东莞"亚洲一号"。东莞"亚洲一号"面积近50万 m^2，相当于两座"鸟巢"的面积，其核心功能是处理中件及小件商品，单日订单处理能力达到160万单，自动立体仓库可同时存储超过2 000万件商品。

东莞"亚洲一号"集自动入库、存货、打包、分拣、出库等全流程作业于一体，在各个环节均大规模应用了机器人和自动化设备，自主研发的"智能大脑"具备调度、统筹、优化以及数据监控全方位功能，极大提高了各环节的运转效率和质量。东莞"亚洲一号"投用以后，华南地区的"半日达"辐射范围大大增加；超过1亿人口享受"24小时达"的便捷服务。

2023年是京东物流"亚洲一号"智能产业园投入运营的第十年，京东物流持续提升仓库的智能化水平、提升作业效率。2023年，京东物流在青岛、昆山、兰州等城市新开设或升级"亚洲一号"智能产业园，进一步加大智能化仓储网络覆盖。其中，昆山"亚洲一号"智能产业园（以下简称"昆山亚一"）二期于2023年6月投入使用，园区面积超过50万平方米，其自动分拣中心拥有超过80条自动分拣线。在2023年"618"大促活动期间，"昆山亚一"分拣中心全天24小时不间断作业，日均分拣超过450万件包裹，代表着全球领先水平。

工作任务

```
                    项目1  智能仓储概述
                    ┌──────┴──────┐
            任务1 智能仓储概念认知    任务2 智能仓储系统的组成
```

任务 1　智能仓储概念认知

任务描述

目前，基于信息物理系统的智能装备、智能工厂正在引领制造方式变革，将推动中国制造向智能化转型。作为智能制造的一个重要组成部分，智能仓储正在受到业界的高度关注，并将迎来高速发展，由此带动智慧物流的发展。

小王作为公司的工厂智能化改造负责人之一，需要对智能仓储进行充分的调查研究，并编写调查报告。

任务目标

- 了解智能仓储的产生背景、发展现状。
- 掌握智能仓储的核心价值。
- 掌握智能仓储的优势与劣势。

任务准备

- 教学场地：设备实训室。
- 硬件系统：多媒体。

任务分析

智能仓储是如何产生的、发展现状如何？智能仓储具备哪些核心价值？智能仓储的优劣势有哪些？

课时安排

建议学时共 2 学时，其中相关知识学习建议 2 学时。

知识储备

> **素养案例**
>
> 韩信刚投奔刘邦后，被任命为粮仓管理员，他提出"推陈出新"的管理理念，就是在粮仓开设前后两个门，要求新粮从前门送进来，把旧粮从后门运出去，防止粮食在蜀中炎热潮湿的环境下腐败变质，从而使蜀中粮仓不再有变质浪费的现象，这无疑是仓储管理史上的创举。

1. 智能仓储产生背景

随着现代科学技术和生产力的发展,仓库已经由过去单纯地作为"储存保管商品的场所"逐步向"商品配送服务中心"发展。仓库曾经被认为只有仓储的功能,而现在库存的"流速"已经成为评价仓库职能的重要指标,对仓储管理的要求也从静态管理向动态管理发生着根本性的转变。现代商品配送中心不仅仓储保管商品,更重要的是担负着商品的分类、检验、计量入库、保管、包装、分拣出库及配送等多种功能,并配有计算机实行自动化管理。

伴随着传统行业的业务流程不断再造,对仓库的整个处理能力提出了更高的要求,传统的仓储配送已经远远跟不上时代的需求。不管是在成本管理,还是在场景上,仓库都面临着很大的压力。在传统仓储弊端横生、落后于时代的现实问题面前,智能仓储应运而生。

2. 智能仓储的核心价值

智能仓储行业处于产业链上中游的系统集成商,处于整个产业链的核心地位,由于物流仓储系统不是简单的设备组合,需要以系统思维的方式对设备功能进行充分应用,并保证软硬件的无缝和快捷对接,目的是实现集成创新,这是一个全局优化的复杂过程。

只有通过运用系统集成的方法,才能使各种物料更加合理、经济、有效地流动,实现物流的信息化、自动化、智能化、快捷化和合理化。智能仓储的应用,保证了仓库管理各个环节数据输入的速度和准确性,确保企业及时准确地掌握库存的真实数据,合理保持和控制企业库存,通过科学的编码,还可方便地对库存货物的批次、保质期等进行管理。

3. 智能仓储的特征

(1)智能仓储的优势。智能仓储系统是智能制造工业 4.0 快速发展的一个重要组成部分,它具有节约土地、节省人工、避免货损、节约资金、提高效率、提升形象等诸多优点,如图 1-1 所示。

图 1-1 智能仓储的优势

(2)智能仓储的劣势。智能仓储系统虽然具有众多优势,但其劣势也不容忽视,具体如图 1-2 所示。

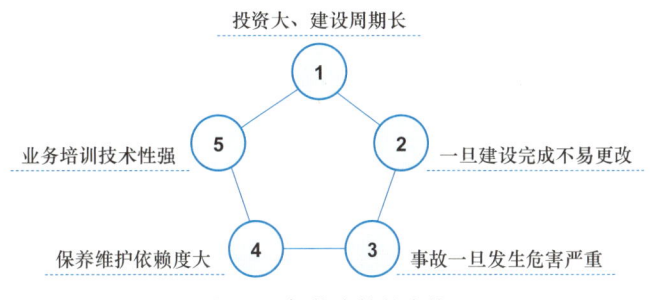

图 1-2 智能仓储的劣势

4. 智能仓储的发展现状

我国智能仓储在"互联网+"战略的带动下快速发展，与大数据、云计算等新一代互联网技术深度融合，整个行业向着运行高效、流通快速的方向迈进。具体表现如图 1-3 所示。

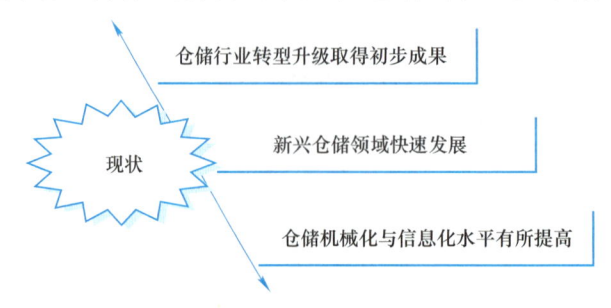

```
                    ┌─ 仓储行业转型升级取得初步成果
                    │
        现状 ───────┼─ 新兴仓储领域快速发展
                    │
                    └─ 仓储机械化与信息化水平有所提高
```

图 1-3　我国智能仓储的发展现状

5. 智能仓储与智慧物流

智能仓储与智慧物流息息相关。现代智慧物流技术是一种以网络信息技术体系为基本支撑，在运输、仓储、装卸搬运、配送、信息服务等各个物流环节实现系统感知、全面分析、及时处理及自我调整功能，建立物流整合、查询、创新的现代综合性物流系统。

智能仓储是智慧物流发展的核心阵地及联系产业上下游的关键纽带，其依托云计算、大数据、人工智能等新技术，应用物联网、传感技术、射频等技术，实现仓储过程的数字化、信息化、自动化。作为智慧物流的核心环节之一，智能仓储的降本增效是现代物流发展突破的关键所在。

任务实施

编写智能仓储认知调查报告（见表 1-1）。

表 1-1　智能仓储认知调查报告

1. 描述智能仓储产生的背景及发展现状

（续）

2. 分析智能仓储的核心价值及其对企业或社会的重要性

3. 请调查生活中的智能仓储案例，分析其优势与劣势，并加以说明

任务评价

任务评价表见表 1-2。

表 1-2 任务评价表

阶段	序号	评分标准	配分	自评	教师评价
职业素养	1	积极参与团队任务，分工明确，团队协作高效	10		
	2	责任心强，勇于承担责任，不推卸问题和责任，对执行结果负责	10		
	3	任务完成后主动按照实训室要求对系统进行保存并恢复	10		
知识技能掌握	1	调查报告正确描述智能仓储的产生背景、发展现状	10		
	2	调查报告正确描述智能仓储的核心价值	10		
	3	调查报告充分分析智能仓储的优势与劣势	10		
实训成果	1	能列举几个智能仓储的企业实例	10		
	2	能举例说明智能仓储企业的优势与不足	10		
	3	能全方位描述智能仓储应用情况	20		
合计					

任务 2 智能仓储系统的组成

任务描述

某公司近日引进一套 AS/RS 立体仓货到人拣选 BTB 实训平台，如图 1-4 所示，场内工作人员对于这个平台都较为陌生。小李作为企业方验收人员之一，不仅要统计好当前平台的模块类型及数量，还要掌握清楚每个模块的功用和应用情况。

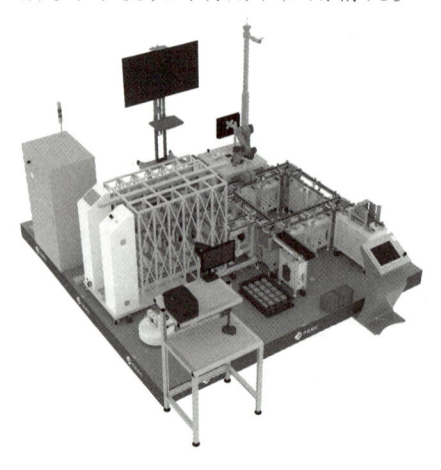

图 1-4 AS/RS 立体仓货到人拣选 BTB 实训平台

任务目标

- 了解智能仓储装备中硬件的组成。
- 了解智能仓储的通信拓扑关系和软件拓扑关系。
- 能够完成对智能仓储设备的验收作业。

任务准备

- 教学场地：设备实训室。
- 硬件系统：BTB 智能仓储设备。
- 工具辅件：验收表。
- 准备操作：实训指导教师需要将智能仓储设备安装完成。

任务分析

此任务是以设备认知为主、检查验收为辅的基础任务。执行任务时，需要针对智能仓储系统做全方位的了解，由于系统较为庞大，涉及机械、电气、软件、通信、应用等多个方面，因此适合以小组分工的形式实施。另外，设备认知往往是跨领域应用的前提，因此提前做好知识储备是必要的。

课时安排

建议学时共 4 学时，其中相关知识学习建议 2 学时；学员练习建议 2 学时。

知识储备

> **素养案例**
>
> 随着电商业务的迅速发展和消费者需求的多样化，物流行业面临着更高的要求和更大的压力，中国邮政集团通过成立高新技术创新中心、联合实验室聚焦物流自动化、物流信息技术和物流智能设备等领域研究，积极应对物流行业的挑战和变革，终端仓储引入自动化立体仓库、无人机和智能拣选机器人等，向客户提供更快速、精确和便捷的物流服务，满足客户的需求并提升用户体验。同时，将中华优秀传统文化和红色革命文化融入企业文化，能够激发员工的爱国热情和责任感，增强员工的集体荣誉感和归属感，还能够向外传播中国的文化价值观，展现中国邮政集团的社会责任和企业形象。

1. 典型智能仓储的硬件组成

AS/RS 立体仓货到人拣选 BTB 实训平台（后文简称：平台）展示了物流自动化、生产数字化、控制网络化、系统集成化等思想，涉及信息采集技术、物流输送技术、工业机器人技术、机电一体化技术、仓库管理与控制技术、物流管理技术、智能拣选技术、计算机应用技术等领域的知识和技能。

图 1-5 展示了平台的单元组成，硬件单元主要包括基台、收货平台单元、输送单元、转台单元、巷道仓储单元、智能拣选单元、托盘机单元、监控单元（WMS 监视屏）、RFID 模块单元、总控单元、WMS 服务器、仓库基础设施等部分。网络单元由工业交换机、无线路由器组成，可提供现场有线网络及 WIFI 无线网络。每个单元可快速固定在基台上，布置远程 IO 模块可满足不同的工艺流程要求和功能实现。每个单元可以与其他单元进行拼接，自由组合成适合不同功能要求的布局形式。

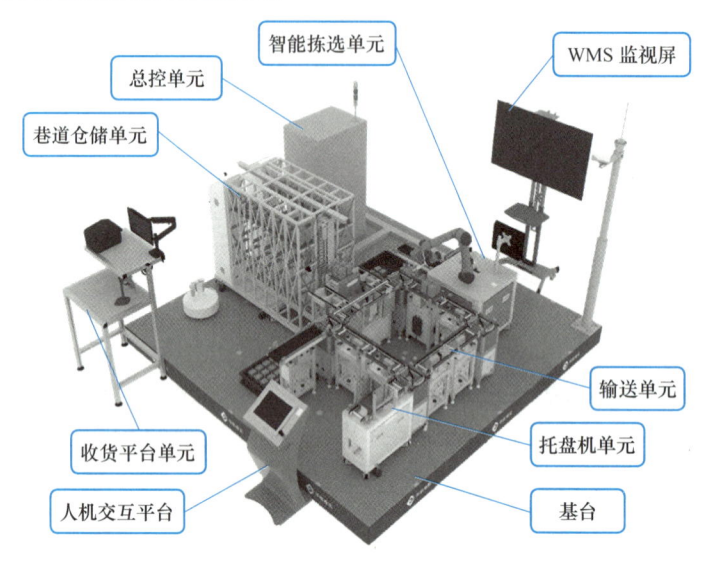

图 1-5　AS/RS 立体仓储到人拣选 BTB 实训平台

（1）基台。基台单元尺寸规格为 3.75m×3.75m，由 9 块 1.25m×1.25m 的平台拼接而成，高度为 200mm，如图 1-6 所示。台面上面板材料为碳钢，能利用磁力座在其上方快速固定各个模块单元，为搭建各种布局形式奠定了基础，基台亦可根据需求拓展更大的面积。

（2）收货平台单元。收货平台由工作台、打印机、计算机主机、手持扫码终端构成，如图 1-7 所示。收货平台可以满足两种作业工作。

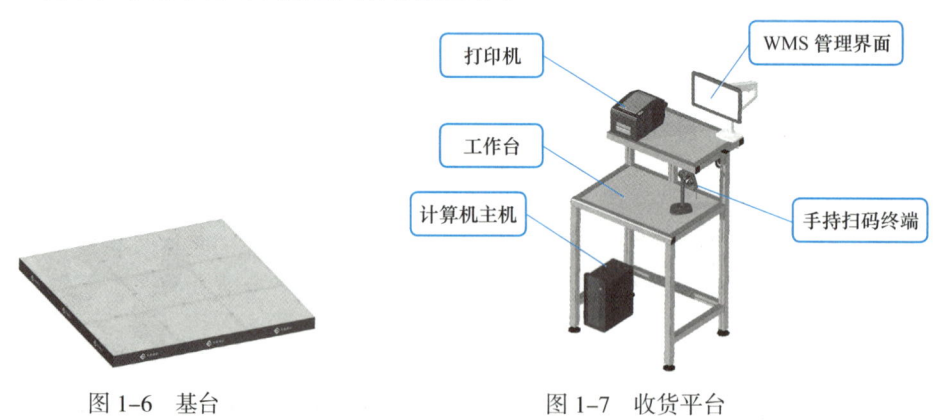

图 1-6　基台　　　　图 1-7　收货平台

1）收货作业，包括到达产品卸货、货物外观查验、检查物料的数量和质量是否与货单一致、更新库存等。

2）入库作业，根据仓储管理系统（Warehouse Management System，WMS）提示将托盘

项目1　智能仓储概述

与码好的物料进行信息绑定建档，方便后续将绑定好信息的托盘放置入库端输送机，执行托盘入库。

（3）输送单元。输送单元可以组成输送线，是物流系统的必备基本组成部分，包括移载输送机（见图1-8）、皮带输送机（见图1-9）、同步带输送机（见图1-10）、辊筒输送机等。输送单元负责接驳物流系统的各个环节，硬件结构主要包含输送机本体、调速控制器、远程IO模块、光电传感器、磁力脚座等组件。输送单元可以根据不同场景，高度模块化单元自由组合，各单元的流程控制信号由远程IO模块通过工业以太网与总控单元实现交互。

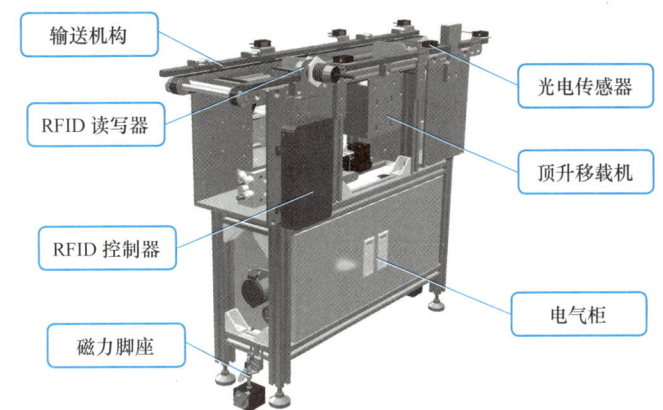

图1-8　移载输送机

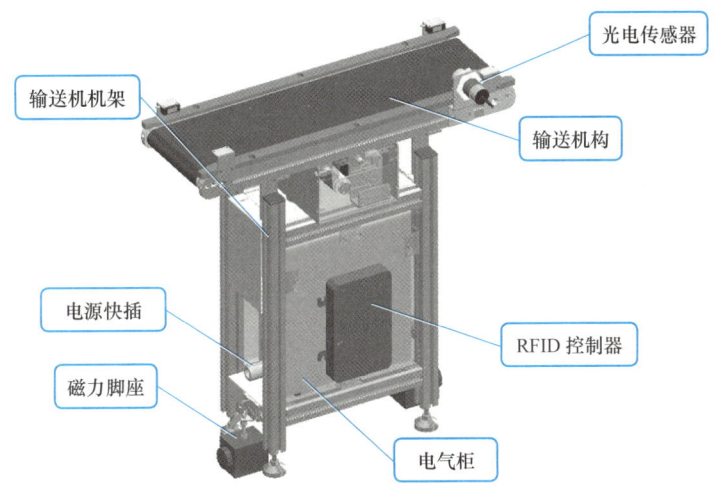

图1-9　皮带输送机

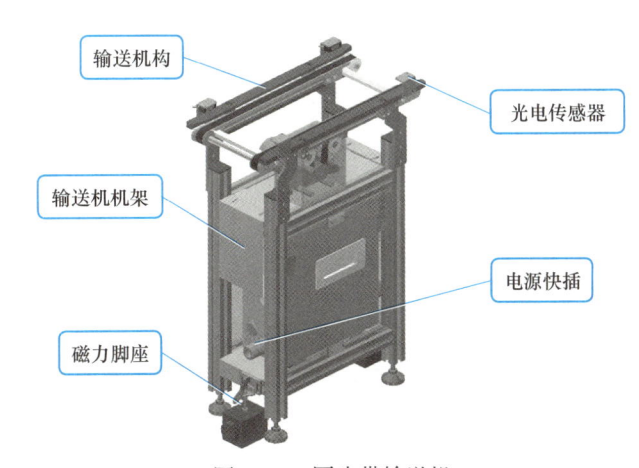

图1-10　同步带输送机

（4）转台单元。转台又称旋转输送台，用于货物周转箱90°、270°的转向输送或停止，根据 WMS 的指令将周转箱转运到相对应位置，如图 1-11 所示。转台由输送机构、气缸回转机构、光电传感器、电器柜、磁力脚座等部分组成。设备尺寸：260mm×260mm×635mm（长×宽×高），磁力脚座可以让转台单元与基台快速固定。

（5）巷道仓储单元。巷道仓储单元，即巷道自动化立体仓库，是物流仓储中的核心设备，如图 1-12 所示。利用立体仓库设备可实现仓库高层合理化、存取自动化、操作简便化。此处的巷道仓储单元是微缩化的巷道式自动化立体库，

图 1-11 转台单元

主要由设备底架、出入库输送机、堆垛机、立体货架、电气控制系统等组成。根据 WMS 指令，巷道堆垛机穿行于货架之间的巷道中，完成存、取托盘的工作。运用一流的集成化物流理念，采用先进的控制、总线、通信和信息技术，通过以上设备的协调动作进行出入库作业。

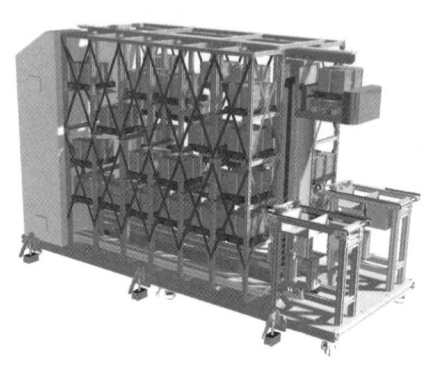

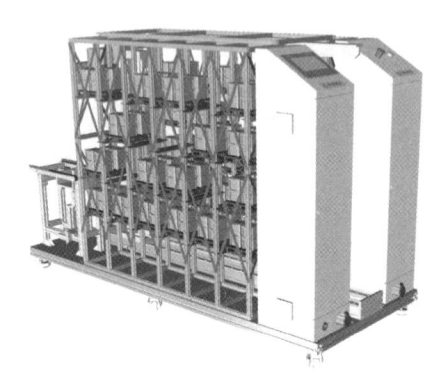

图 1-12 巷道仓储单元

（6）智能拣选单元。智能拣选单元通过协作机器人可以对托盘上的物料进行拆垛操作，也可以把物料放在托盘上进行码垛操作。托盘位置的 RFID 读写器可以读取托盘信息，协作机器人携带 3D 视觉相机对托盘进行指定信息的拆垛与码垛工作，并将完成后的信息传输给中控系统，如图 1-13 所示。

平台的智能拣选单元由设备台架、协作机器人、3D 视觉相机、显示器、控制系统、磁力脚座等部分组成。磁力脚座可以让智能拣选单元在基台上快速固定。

（7）托盘机单元。平台的托盘机单元主要由

图 1-13 智能拣选单元

设备台架、自动托盘系统、输送机、控制系统、磁力脚座等部分组成。托盘机单元可以对空托盘进行回收，也可以作为托盘仓向生产线提供托盘，如图 1-14 所示。

1）托盘回收。当空托盘输送到托盘机上时，自动托盘系统可以将托盘依次托起堆叠放入托盘仓。

2）托盘供应。当生产线需要空托盘时，自动托盘系统可以将托盘仓里的托盘依次取出，提供给输送线。

3）物料暂存。当生产线上的物料需要调整输送顺序时，托盘机单元可以充当暂存站。

（8）WMS 监视屏。WMS 监视屏不仅可以实时显示现场监控画面，而且还实时显示订单信息，如图 1-15 所示。

图 1-14　托盘机单元 　　　　图 1-15　WMS 监视屏

（9）总控单元。总控单元是各单元程序执行和动作流程的总控制端，是工作站的核心单元，由工作台、控制模块、操作面板、电源模块、气源模块、显示终端、交换机、三色灯等组件构成，如图 1-16 所示。

a）总控制柜　　　　b）主控显示屏

图 1-16　总控单元

2. 典型智能仓储的通信拓扑关系

智能仓储的通信拓扑关系如图 1-17 所示。系统架构由 WMS、WCS、PLC 控制系统和外部系统四部分组成。

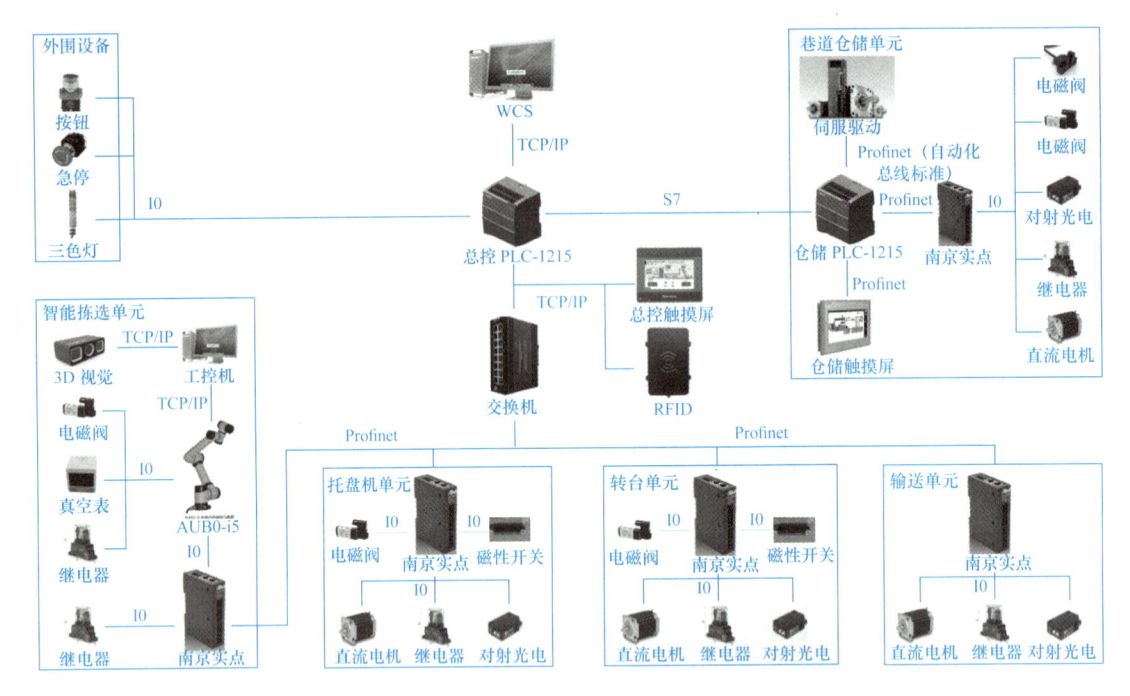

图 1-17 智能仓储的通信拓扑关系

（1）WCS 与 PLC。仓储控制系统（Warehouse Control System，WCS）是介于 WMS 和可编程逻辑控制器（Programmable Logic Controller，PLC）之间的一层管理控制系统。一方面，它与 WMS 进行信息交互，接受 WMS 的指令，并将其发送给 PLC，从而驱动生产线启动相应的机械动作。另一方面，它将 PLC 的状态及数据实时反映在界面上，并提供对 PLC 控制器和生产线的手动调试接口。

（2）PLC 与 PLC。PLC 与 PLC 之间主要通过 S7 协议进行通信，S7 通信支持包括西门子 S7 系列的 S7-200、S7-200 Smart、S7-300、S7-400、S7-1200 以及 S7-1500 PLC 控制器的以太网通信。总控 PLC 将取 / 放料的仓位、取 / 放料指令等信息传输给巷道仓储单元的 PLC，巷道仓储单元的 PLC 会将物料是否到位、仓储单元运行状态等信息反馈给总控 PLC。如此，巷道仓储单元可与智能仓储系统中的输送链之间协作来完成物料的出 / 入库作业。

（3）PLC 与模块单元。PLC 与各模块单元之间采用 Profinet 协议进行通信。在此通信过程中，PLC 作为总站向各个模块发送控制指令，各模块中的远程端子作为 Profinet 从站接收该控制指令进行作业，同时从站也会向总站反馈设备运行状态等信息。远程端子与单元模块内部的执行机构（如气缸、电机、传感器等）利用 IO 进行通信。

（4）协作机器人与 3D 视觉控制器。3D 视觉传感器作为拣选单元的眼睛，通过 TCP/IP 与视觉控制器进行通信。协作机器人需要根据视觉检测信息执行后续作业，就必须与视觉控制器建立通信关系，两者之间为 TCP/IP 通信。协作机器人向视觉控制器发送启动视觉检测、检测信息上传等指令，视觉控制器则将方位、姿态、颜色、形状等检测信息上传至协作机器人，从而完成智能拣选作业。

（5）PLC 与 RFID、触摸屏。触摸屏作为 PLC 的人机交互界面，可以通过元件组态直接与 PLC 的数据进行关联，从而对 PLC 控制下的执行设备进行监控。这里的通信方式取决于触摸屏的类型，如果为西门子品牌的触摸屏，如巷道仓储单元与其对应的触摸屏，与 PLC 采用 Profinet 协议进行通信；如果为第三方品牌的触摸屏，如总控 PLC 对应的触摸屏，与 PLC 采用 TCP/IP 进行通信。

RFID 可以在阅读器与电子标签之间进行非接触式的数据交互。在智能仓储系统中，该电子标签承载着物料的仓位、种类、拣选等信息。RFID 阅读器与 PLC 采用 TCP/IP 进行通信，在实际运营中，RFID 可以用于入库时的托盘信息标识，也可用于出库时的信息校验等场景。

3. 典型智能仓储的软件拓扑关系

在智能仓储系统中，多个软件系统共同协作才能满足作业的正常运行。智能仓储的软件拓扑关系如图 1-18 所示，这些软件系统包括 WMS、SCADA 系统、监控系统、标签打印系统等。

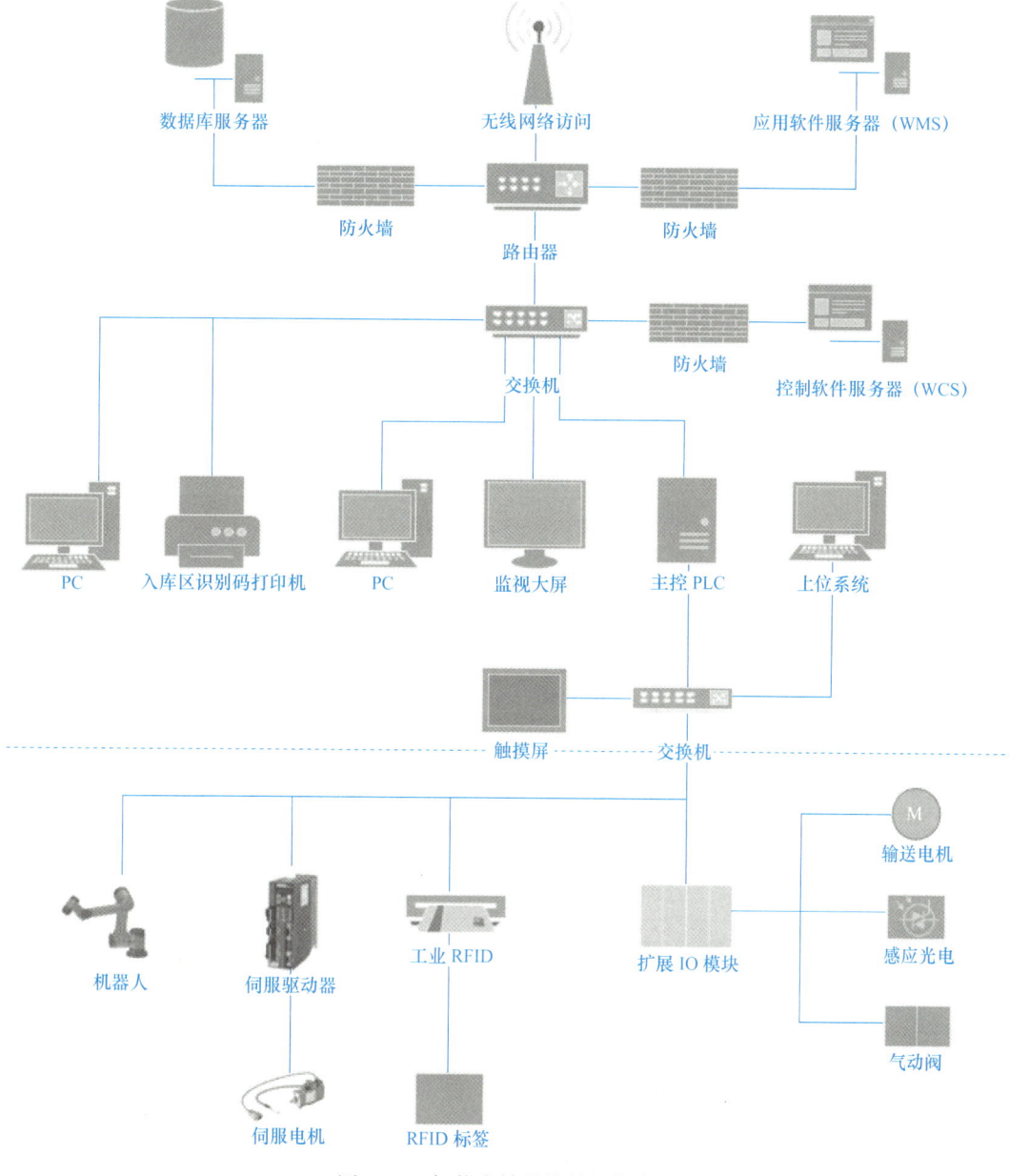

图 1-18 智能仓储的软件拓扑关系

智能仓储的软件单元为管控一体化仓储管理系统（PQ-WMS），集仓库管理系统（WMS）和仓库控制系统（WCS）的功能于一体。通过建立起业务系统与物流设备之间的通信桥梁，负责协调、调度底层的各种物流设备，使底层物流设备可以执行仓储系统的业务过程，并且这个过程完全是按照程序预先设定的流程执行的。

PQ-WMS 主要包括商品基础信息管理、供应商信息管理、策略配置模块、入库管理、出库管理、库区管理、设备监控、任务调度、异常处理等功能模块，其运行的业务数据统一存储于数据库，并进行数据隔离处理。

上位机系统主要为数据采集与监视控制（Supervisory Control And Data Acquisition，SCADA）系统，由视窗控制中心（Windows Control Center，WinCC）、PLC、通信层和底层执行设备组成，来完成智能仓储作业的具体实施以及运营状态反馈；监控系统可以对仓储所有区域的监控设备进行管理，能够实施监控现场作业情况；标签打印系统可以根据相关的命名规则，对托盘、物料、箱体、仓位等进行标识，以便智能仓库的运营管理。

任务实施

智能仓储系统的认知

（1）工单（见表1-3）

表1-3　工单

公司			编号	
采购物料验收工作任务单				
申请部门：采购部门				申请日期：
实施名称	智能仓储系统的认知		要求完工日期	
实施背景	某公司近日引进一套 AS/RS 立体仓贮到人拣选 BTB 实训平台，场内工作人员对于这个平台都较为陌生。小李作为企业方验收人员之一，不仅要统计好当前平台的模块类型及数量，还要掌握清楚每个模块的功用等应用情况			
辅件申请	通用验收表			
工作流程				辅助工具
1	统计各模块的类型及数量			
2	开启并运行智能仓储系统			
3	检查系统以及各个模块的运行状况			
4	完成验收表				验收表
5	整理完善各模块的功能表			
实施要求	严格按照验收标准进行验收			

（续）

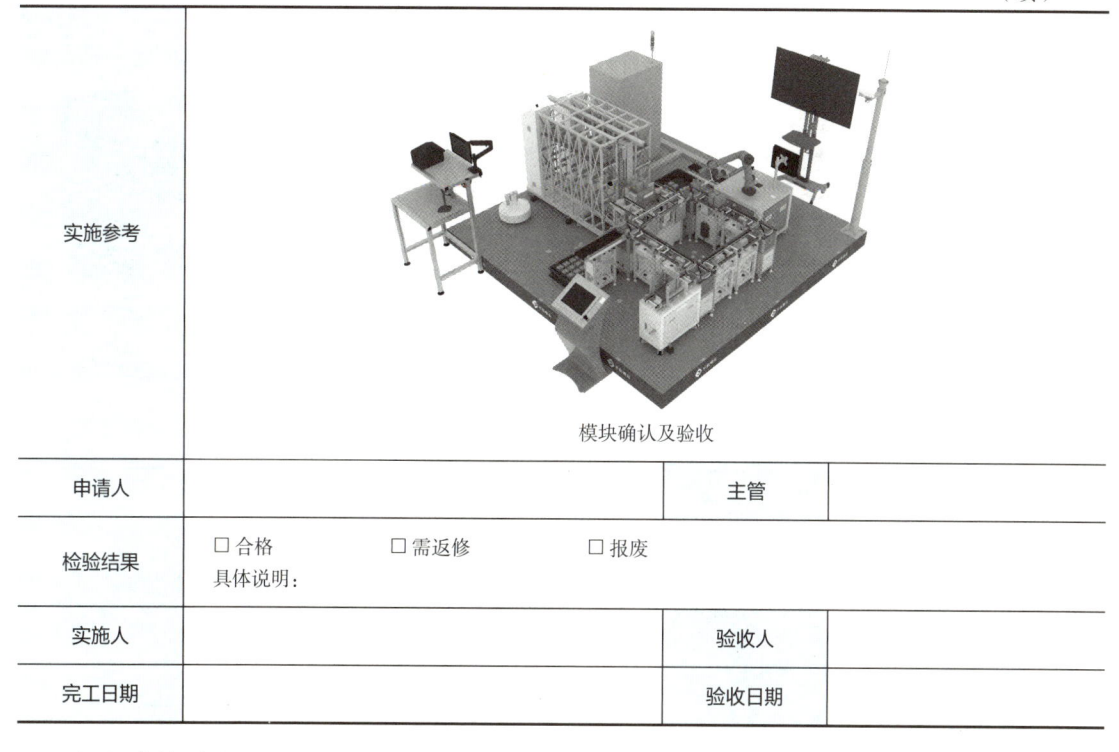

实施参考	模块确认及验收			
申请人			主管	
检验结果	□合格　　　□需返修　　　□报废 具体说明：			
实施人			验收人	
完工日期			验收日期	

（2）实施过程

① 智能仓储系统的硬件模块有哪些？

_____

_____

_____

② 请写出下列模块的名称（见表1-4）。

表1-4　设备认知

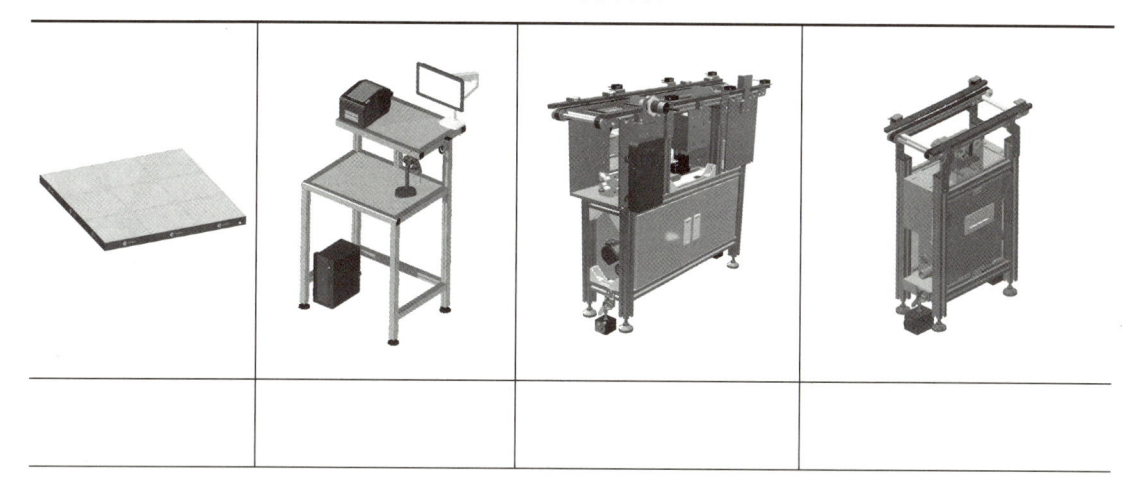

（续）

3 完成验收单（见表1-5）。

表1-5 设备到货验收单

合同编号：

收货单位		供货单位项目负责人	姓名：
			电话：

验收地点		验收日期	

验收设备：包括产品主机模块、随机备用备件、专用工具

序号	设备名称	单位	数量
1			
2			
3			

（续）

序号	设备名称	单位	数量
4			
5			
6			
7			

	设备检测项目	检测详情	
1	设备外包装情况		
2	设备外观质量检查（损坏、损伤、锈蚀情况）		
3	设备规格是否符合应用需求		

说明书	有	无	合格证	有	无
使用手册	有	无	维护手册	有	无
装箱清单	有	无	其他技术文档	有	无
验收人员	供货商	采购部	技术部	综合部	
备注					

4 完成模块情况说明表（见表1-6）。

表1-6 模块情况说明表（样表）

模块名称		示意图	
模块组件			
模块功能			
上层部件/软件		上层通信协议	
下层部件/软件		下层通信协议	
备注			

任务评价

任务评价表见表1-7。

表1-7 任务评价表

阶段	序号	评分标准	配分	自评	教师评价
职业素养	1	积极参与团队任务，分工明确，团队协作高效	10		
	2	责任心强，勇于承担责任，不推卸问题和责任，对执行结果负责	10		
	3	任务完成后主动按照实训室要求对系统进行保存并恢复	10		
知识技能掌握	1	了解智能仓储装备硬件的组成	20		
	2	了解智能仓储的通信拓扑关系	10		
	3	了解智能仓储的软件拓扑关系	10		
实训成果	1	能够正常签收设备到货验收单	10		
	2	能够合理填写模块情况说明表	10		
	3	能够与同项目中与其他部门的同事建立良好的合作关系	10		
合计					

项目评测

一、选择题

1. 下列哪个模块单元，可以进行物料的转向输送（　　）。
    A. 转台单元　　　　　　　　B. 移载输送机
    C. 智能拣选单元　　　　　　D. 皮带输送机
2. 下列哪项功能不是托盘机单元的主要功能（　　）。
    A. 托盘回收　　　　　　　　B. 物料输送
    C. 托盘供应　　　　　　　　D. 物料暂存

二、填空题

1. _____是介于WMS和PLC之间的一层管理控制系统。
2. 视觉控制器将_____、_____、_____、_____等检测信息上传至协作机器人，从而完成智能拣选作业。

三、判断题

1. PLC与各种品牌的触摸屏之间，都是采用Profinet协议进行通信的。（　　）
2. 智能仓储系统需要由多个软件系统共同协作才能满足作业的正常运行。（　　）

四、简答题

简述智能仓储与传统仓储的区别。

项目 2

WMS 的认知与应用

项目导言

随着市场经济快速发展，各行业在管理工作中都比较注重智能化和信息化，通过高效技术手段可以让管理工作压力得到减缓，尤其是解决传统管理模式的各种痛点问题。WMS 的出现，针对企业管理工作来说，既能提高效率，同时还能降低压力，通过数据分析和统筹制定相应解决方案，具有重要意义。

本项目主要包括两部分内容，第一部分为 WMS 的认知，主要包括什么是 WMS、WMS 与 WCS、WMS 与 MES、WMS 与 ERP 等内容；第二部分为 WMS 的业务应用，主要包括货物的检验、WMS 的入库策略及选定、WMS 的出库策略及选定等内容。学生在熟悉 WMS 内涵、运行原理的基础上，还应掌握 WMS 的日常业务应用。

工作任务

项目 2　WMS 的认知与应用

- 任务 1　WMS 的认知
- 任务 2　WMS 的业务应用

任务 1　WMS 的认知

任务描述

　　公司计划引入 WMS 用于管理仓库，小王作为公司的工厂智能化改造负责人，需要提前对 WMS 进行系统学习。

　　小王通过本任务学习，需要掌握 WMS 的概念，理解 WMS 与其他相关系统之间的关系，学会 WMS 信息配置的操作，并举一反三延伸同类 WMS 基本功能的认知及操作。

任务目标

- 了解什么是 WMS。
- 理解 WMS 与 WCS、WMS 与 MES、WMS 与 ERP 之间的关系。
- 会配置 WMS 信息。

任务准备

- 教学场地：设备实训室。
- 软件系统：WMS。
- 工具辅件：计算机、WMS。
- 准备操作：实训指导教师介绍 WMS 所有模块，并下发案例资料，指导完成系统操作。

任务分析

　　此任务需要在掌握 WMS 概念及 WMS 与其他系统的关系的基础上完成。WMS 是一套完整的对入库、出库及在库进行管理的系统。在进行系统的出入库及在库管理流程前，需要对平台数据及配置进行设置，主要包括：平台数据的管理、库位管理、策略管理等；系统数据的库房管理、货品管理、托盘管理等。为了保障日常运行，在系统安装完毕后，需要对这些系统信息进行配置。

课时安排

　　建议学时共 4 学时，其中相关知识学习建议 2 学时；学员练习建议 2 学时。

知识储备

📖 素养案例

　　仓储管理系统的诚信管理机制是对供应商的信用记录和合作情况进行评估的制度，通

> 过对供应商进行信用评级，企业可以辨别出那些具有良好信用记录和稳定合作关系的供应商，优先选择他们作为合作伙伴，从而减少合作风险。同时，还可以通过建立合作契约和监督评估等措施，明确双方的权利和义务，规范合作行为，有助于确保供应链合作的稳定和可靠。诚信管理机制不仅有助于供应链合作伙伴之间的互信和共赢，也体现了企业在商业运作中注重诚信和契约精神，也为员工和合作伙伴树立了诚信的道德榜样。

1. 什么是 WMS

WMS 是 Warehouse Management System（仓储管理系统）的缩写，是一个实时的计算机软件系统，它能够按照运作的业务规则和运算法则，对信息、资源、行为、存货和分销运作进行管理，满足智能仓储的有效产出和精确性的要求。WMS 综合了出库管理、入库管理、包装管理、质检管理、仓库区位管理、基本信息设置、统计分析、报表查询、调配管理等诸多功能，如图 2-1 所示，可以有效控制并跟踪仓库业务的物流和成本管理全过程，实现或完善企业的仓储信息管理。

2. WMS 与 WCS

在智能仓储中，仓储物流系统软件通常由两部分组成：WMS 和 WCS。WCS 是 Warehouse Control System（仓储控制系统）的缩写，是介于 WMS 和 PLC 之间的一层管理控制系统。WMS 负责仓储业务逻辑的处理；WCS 位于中间层，负责调度底层的各种物流设备；最下层是具体的物流设备，如堆垛机、机器人、AGV 系统等，如图 2-2 所示。

图 2-1 WMS 系统功能

图 2-2 WMS 与 WCS

WCS 的基本功能包括接受 WMS 的作业指令，经过整理、组合、拆分，形成各自动化系统的作业指令，分发给各自动化系统。同时，接收各自动化系统的现场状态，反馈给 WMS。因此 WCS 更多的是与现场的设备和物料发生关系，与业务层面的交集很少。

3. WMS 与 MES

制造执行系统（Manufacturing Execution System，MES）可以为企业提供高级计划管理、追踪管理、仓库管理、品质管理、备件管理、生产管理等管理模块，详情如图 2-3 所示，对生产型企业管理有巨大的助益。

WMS 与 MES 结合作用是相辅相成的，两者整合效益主要体现在追溯链的打通、库存透明化及指导仓库作业和生产。WMS 提供透明、及时、精细的库存信息，计划部门在 WMS 中根据库存及物料到货状况，在 MES 中完成生产调度；同时现场仓管人员在 MES 中实时跟踪车间的执行状况，按需进行物料配送，构建采购、计划、物流、生产的高效协同体系。成品（半成品）下线后，MES 需要向 WMS 提供下线产品信息及数量，完成自动入库动作。

图 2-3　MES 管理模块

4. WMS 与 ERP

ERP（Enterprise Resource Planning）即企业资源计划。如图 2-4 所示，ERP 是一个以计算机为核心的企业级成熟管理系统，具有采购、订单管理、物流仓储和财务报表等方面的功能，旨在为企业提供全面的资源管理及辅助决策支持。ERP 已成为企业进行生产管理及决策的重要平台工具。

图 2-4　ERP 系统

WMS 系统主要功能包括：供应商信息模块、物流信息模块、入库管理、物料检验、物料上架、出库管理、出库单管理、物料分拆、物料损耗、物料盘点、实时物料统计、仓位管理、委外采购等。

WMS 是侧重仓库内部管理的系统，能够管理仓库一切正在发生的事，可以有效处理入库、出库、库存管理、物流信息等问题，为决策提供支持，而 ERP 则是针对仓库管理中的一个模块，主要对仓库成本及库存进行核算，因此，在功能和细化程度等方面，二者还是有区别的。

任务实施

WMS 信息配置操作

（1）工单（见表 2-1）

表 2-1　工单

公司			编号	
WMS 信息配置管理任务单					
申请部门：业务部门			申请日期：	
实施名称	完成 WMS 信息配置		要求完工日期	
实施背景	某物流公司为了业务开展需要，需要对 WMS 中各部分的信息进行配置			
	工作流程		辅助工具	
1	供应商信息数据配置		计算机、WMS	
2	客户信息数据配置		计算机、WMS	
3	托盘信息数据配置		计算机、WMS	
4	货品信息数据配置		计算机、WMS	
5	货位信息数据配置		计算机、WMS	
实施要求	结合实施背景，按照操作要求完成 WMS 的信息配置			
实施参考	WMS 界面			
申请人			主管	
检验结果	□合格　　　□需返修　　　□报废 具体说明：			
实施人			验收人	
完工日期			验收日期	

（2）实施过程

1 供应商信息数据配置。

进入基础数据管理—供应商信息管理界面，在此界面可添加货物的供应商信息，在右上角选择"新增"，从界面编辑相关供应商信息，有 * 标识的为必填项。用纯英文或英文数字结合自拟供应商代码，供应商名称要全称填写，其他信息按要求填写，最后单击"保存"，如图 2-5 所示。

图 2-5　供应商信息管理界面

2 客户信息数据配置。

进入基础数据管理—客户信息管理界面，根据实施背景要求，添加客户信息。在右上角选择"新增"，出现如图 2-6 所示界面，客户编码为系统自动生成，客户名称填写全称，其他栏目按要求填写，最后单击"保存"。

图 2-6　客户信息管理界面

3 托盘信息数据配置。

进入基础数据管理—托盘信息管理界面，在右上角选择"新增"，出现如图 2-7 所示界面，维护托盘信息时要注意托盘条码与 RFID 编码要一致。

4 SKU 信息数据配置。

进入基础数据管理—SKU 信息管理界面，在右上角选择"新增"，出现如图 2-8 所示界面，商品代码需要自行拟定，名称录入全称，商品类型按货物类型编辑，按案例要求填写单位和规格等信息。

5 库房库位信息数据配置。

进入基础数据管理—库房库位信息管理界面，在右上角选择"新增"，出现如图 2-9 所

项目 2　WMS 的认知与应用

示界面，根据库房库位具体情况，将组、排、层、列等必要信息进行维护并保存。

图 2-7　托盘信息管理界面

图 2-8　SKU 信息管理界面

图 2-9　库房库位信息管理界面

任务评价

任务评价表见表2-2。

表2-2 任务评价表

阶段	序号	评分标准	配分	自评	教师评价
职业素养	1	积极参与团队任务，分工明确，团队协作高效	10		
	2	责任心强，勇于承担责任，不推卸问题和责任，对执行结果负责	10		
	3	任务完成后退出系统，下课时关机，并把凳子放好	10		
知识技能掌握	1	熟悉WMS基础信息内容	10		
	2	了解WMS与其他软件系统的关系	10		
实训成果	1	正确完成WMS供应商信息的维护	10		
	2	正确完成WMS客户信息的维护	10		
	3	正确完成WMS托盘信息的维护	10		
	4	正确完成WMS货品信息的维护	10		
	5	正确完成WMS货位信息的维护	10		
合计					

任务2　WMS的业务应用

任务描述

WMS应用的业务场景较为广泛，主要有货品的入库、出库、调拨、库存管理等，它适用于任何需要用到储物仓库的行业领域，如仓库存储行业、快销零食行业、汽车行业、各类配件行业、制造行业、物流行业、电商行业、服装行业等。

为了实现对企业物流更加高效、快捷、安全和低成本的管理，满足企业发展对物流的迫切需求，某企业对新厂房的物流中心进行智能化升级。目前该企业各大仓库基地均已升级为自动化立体仓库（AS/RS），基地所有的硬件设备已经安置完毕。

小萍作为新入职的仓库管理员，需要根据立体仓库的场地、库房、库位信息以及存储能力在WMS中选定出入库策略，并且学会如何进行WMS入库作业和出库作业的业务操作，为自动化立体仓库的正常运营做好准备。

任务目标

- 了解货物验收的前期准备。
- 熟悉WMS中入库/出库的策略。
- 能够选定相关的入库/出库策略。
- 能够在WMS中执行收货、入库和出库作业。

任务准备

- 教学场地：信息化教室。
- 软件系统：BTB 智能仓储设备。
- 工具辅件：托盘、物料。
- 准备操作：实训指导教师需要确保托盘的纸质标签粘贴到位。

任务分析

此任务是以 WMS 业务练习为主，出入库策略学习及选定为辅的基础任务。执行任务时，需要在对 WMS 的功能有全方位了解的基础上，对常规的收货、入库和出库流程做深入的学习。另外，货物验收的前期准备、出入库的策略等，也需要成体系地了解和学习，才能更好地掌控智能仓库 WMS 的常规业务处理。

课时安排

建议学时共 4 学时，其中相关知识学习建议 2 学时；学员练习建议 2 学时。

知识储备

素养案例

顺丰速运是中国领先的综合物流服务提供商之一，拥有庞大的仓储网络，其使命是成为中国最值得信赖的物流品牌。为了实现这一使命，顺丰速运通过建设覆盖全国的仓储网络，提供高效、安全的仓储服务。他们注重仓储管理的科学化和信息化，通过先进的仓储技术和设备，提高仓储效率和准确性。同时，顺丰速运也注重环境保护，采用环保材料和节能设备，减少能源消耗和污染物排放；倡导绿色运输，引入电动车、混合动力车等低碳交通工具，减少排放物的产生；鼓励客户使用环保包装，减少一次性包装物的使用；积极开展员工环保意识培养和培训，提高员工对绿色仓储的认识；致力于推动绿色物流的发展，在保护生态环境方面做出了积极的贡献。

1. 货物的检验

检测货物是仓储业务中的一个重要环节，包括检验数量、检测外观质量和检验包装三方面的内容，即复核货物数量是否与入库凭证相符，货物质量是否符合规定的要求，货物包装能否保证在储存和运输过程中的安全。

货物验收准备：

（1）仓储部收到供货方发货通知，应提前一天做好货物验收准备。

（2）仓库管理员认真核对需入库货物资料，掌握入库货物的规格、数量、包装状态、单件体积、货物存期以及货物保管要求等，据此精确和妥善地进行货物验收准备安排。

（3）仓库管理员根据货物情况和仓库管理规定确定验收方法。准备验收所需的点数、测试、称量、开箱装箱、丈量以及移动照明等用具和工具。

2. WMS 的入库策略及选定

（1）WMS 入库策略的类型。WMS 的入库策略分为三种类型，分别为按库位号顺序入库、按 SKU 类型入库和按 ABC 种类入库。

1）按库位号顺序入库。物品执行库位号顺序入库，此时入库物品的存放位置与物品和 SKU 种类无关，而是按照组、列、层的库位号次序来存放的。如图 2-10 所示，即从第 1 组、第 1 列、第 1 层开始，排满一列所有的层后，再排下一列，直到排满该架，然后再排第 2 组、第 3 组，依此类推。

2）按 SKU 类型入库。物品执行 SKU 类型入库，即按照 SKU 类型将物品存放在不同区域的仓位。如图 2-11 所示，当同一类型的 SKU 物品实施入库时，会被统一存放至指定的区域。我们既可以将仓库的某一行或者某一列，也可以将指定的某几个仓位设置为某一 SKU 物品的存储区。

图 2-10 按库位号顺序入库

图 2-11 按 SKU 类型入库

3）按 ABC 种类入库。物品执行 ABC 种类入库，智能仓库会先从成本、管理、企业自身状况等角度出发，制定一个分类标准，这个分类即为 ABC 分类。然后再依照该标准对当前存储的物品进行分类，即被划分为 A 类、B 类、C 类。最后，这些类型的物品会被指定某些存储区域。如图 2-12 所示，同一 ABC 种类可能包含有多个 SKU 类型的物品，这些物品只要属于同一 ABC 类别，就会被存放至同一指定区域。

（2）入库策略的选定。在 WMS 的出入库规则管理中，包含按库位号顺序入库、按 SKU 类型入库和按 ABC 种类入库三种入库规则。系统入库的策略只允许存在一种，如图 2-13 所示，当系统开启一种入库规则时，则无法同时开启另一种规则。

启用某种入库规则的方法如下：直接单击"操作"栏中对应规则的"启用"按钮，系统会按照该规则进行入库作业。

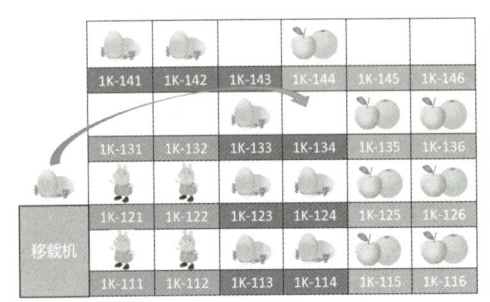

图 2-12 按 ABC 种类入库

图 2-13 确定入库策略

3. WMS 的出库策略及选定

WMS 出库策略分为先进先出、先进后出、量小先出、按需求出库等类型，选择哪种出库策略取决于多种因素，在物流运行过程中，大多数产品都适用于先进先出、量小先出的策略。

（1）WMS 出库策略的类型。

1）先进先出。先进先出是一种维持生产和运输顺序的实践方法。先进入加工工序或是存放地点的零件，也是先加工完毕或是被取出的产品。这保证了库存的零件不会放置太久，从而减少质量问题。先进先出是实施拉动系统的一个必要条件。

做好先进先出是仓库管理中非常重要的一环。制造日期的不同，造就了不同的保质期。某种材料在仓库里停留的时间越长，意味着能向客户提供的保质期越短，所以必须把先期制造的材料，先行投入使用。

2）量小先出。量小先出，指的是优先清空当前库位中的 SKU 存量少的托盘，如此可以避免某类商品存放的库位过于分散，影响自动化作业的出库效率。量小先出主要用于对保质期不敏感的物品出库。

（2）出库策略的选定。如图 2-14 所示，在 WMS 的出入库规则管理中，包含先进先出量小先出两种出库规则。与入库规则相同，系统出库的策略也只允许存在一种，无法同时启用两种。

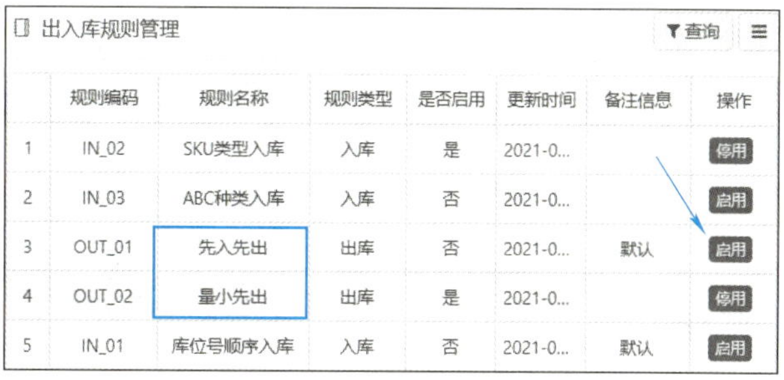
出入库规则管理　查询

	规则编码	规则名称	规则类型	是否启用	更新时间	备注信息	操作
1	IN_02	SKU类型入库	入库	是	2021-0...		停用
2	IN_03	ABC种类入库	入库	否	2021-0...		启用
3	OUT_01	先入先出	出库	否	2021-0...	默认	启用
4	OUT_02	量小先出	出库	是	2021-0...		停用
5	IN_01	库位号顺序入库	入库	否	2021-0...	默认	启用

图 2-14　确定出库策略

启用某种出库规则的方法如下：直接单击“操作”栏中对应规则的“启用”按钮，系统会按照该规则进行出库作业。

任务实施

BTB入库流程（WMS）

1. WMS 的入库作业

（1）工单（见表 2-3）

表 2-3　工单

<table>
<tr><td>公司</td><td></td><td>编号</td><td></td></tr>
<tr><td colspan="4">设备管理工作任务单
申请部门：仓管部门　　　　申请日期：</td></tr>
<tr><td>实施名称</td><td>WMS 的入库作业</td><td>要求完工日期</td><td></td></tr>
<tr><td>实施背景</td><td colspan="3">小萍作为新入职的仓库管理员，需要学会如何进行 WMS 入库作业的业务操作，为自动化立体仓库的正常运营做好准备</td></tr>
<tr><td>辅件申请</td><td colspan="3">无</td></tr>
</table>

智能仓储设备运行与维护

（续）

工作流程		辅助工具
1	WMS 系统下发入库单	
2	组盘	托盘
3	上料	
4	确认台账	
实施要求	入库物料账实相符	
实施参考	入库示意图	
申请人		主管
检验结果	□合格　　　　□需返修　　　　□报废 具体说明：	
实施人		验收人
完工日期		验收日期

（2）实施过程

1 进入智能仓储管理系统，单击"收货管理"，进入收货单录入界面，如图 2-15 所示。

图 2-15　收货单录入界面

2 单击"新增"，系统首先会自动创建一个收货单号，在此界面我们需要选择"收货日期""供应商编码""收货批次"以及"月台道口"，如图 2-16 所示。

030

项目 2　WMS 的认知与应用

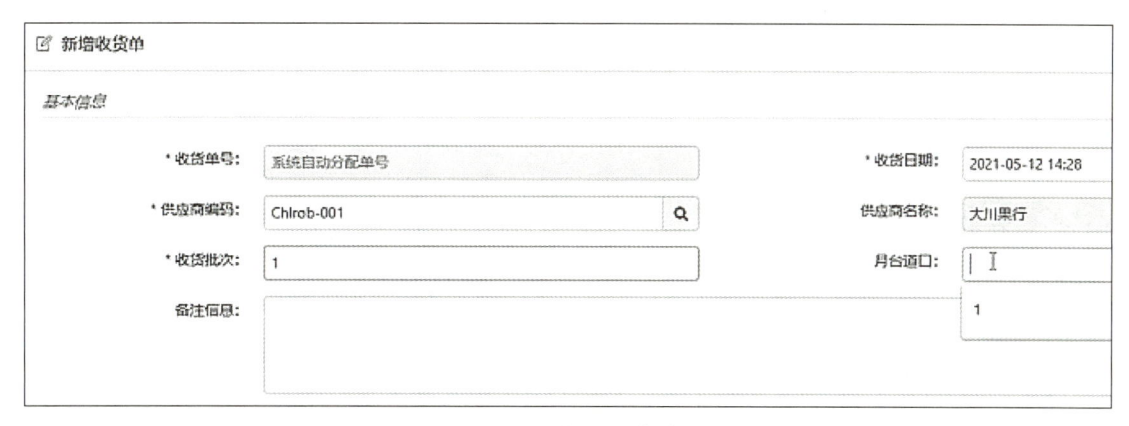

图 2-16　新增收货单

3 填写当前收货单的详细信息，选择要收货的 SKU，就会显示出相关的信息，如图 2-17 所示。

图 2-17　SKU 选择

4 填入生产批次、生产日期以及来货的数量，如图 2-18 所示。

图 2-18　填入相关数据

智能仓储设备运行与维护

❺ 单击保存，成功保存该收货单，可以看到当前"收货单据状态"为"草稿"，如图 2-19 所示。

图 2-19 收货单据状态

❻ 创建之后就可以提交复验了，单击复验后，可以看到当前"收货单据状态"为"待复验"，如图 2-20 所示。

图 2-20 复验

❼ 进入收货单复验界面，单击"复验单据"按钮，可以看到收货单的详细信息，如图 2-21 所示。

图 2-21 复验单据

❽ 查验实际的物品之后，填入正常接收数，如果有不合格数量也需要填入，然后确认复验，如图 2-22 所示。

图 2-22 确认复验

❾ 复验后，在收货单查询界面，查询到以下结果则收货单创建完成，如图 2-23 所示。

项目 2　WMS 的认知与应用

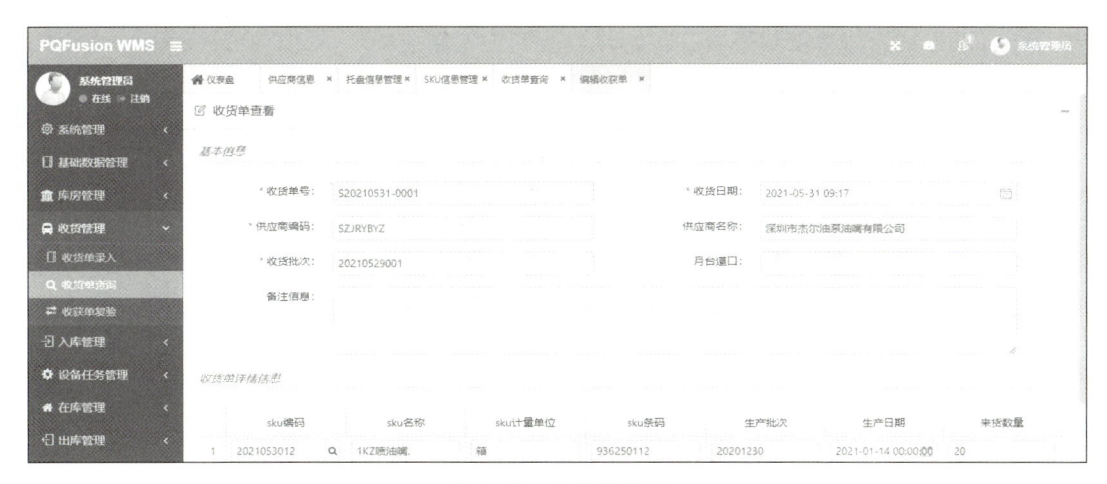

图 2-23　收货单展示

⑩ 进入"入库管理"的入库单管理界面，如图 2-24 所示。

图 2-24　入库单管理界面

⑪ 选中所需入库单据，单击"生成任务单"，这里可以选择"正常"和"紧急"两个等级，如图 2-25 所示。

图 2-25　选择优先级

⑫ 可以看到当前单据状态由"初始化"改变为"作业中",这样入库单就建立完毕,如图 2-26 所示。

图 2-26　入库单建立完毕

⑬ 入库单建立完毕后,在入库管理—入库单管理界面查询到以下结果,则入库作业启动成功,入库任务单如图 2-27 所示。

图 2-27　入库任务单

2. WMS 的出库作业

(1) 工单 (见表 2-4)

BTB出库流程
(WMS)

表 2-4　工单

公司			编号	
设备管理工作任务单				
申请部门:仓管部门			申请日期:	
实施名称	WMS 的出库作业		要求完工日期	
实施背景	小萍作为新入职的仓库管理员,需要学会如何进行 WMS 出库作业的业务操作,为自动化立体仓库的正常运营做好准备			
辅件申请	无			

034

（续）

	工作流程	辅助工具
1	WMS 系统下发出库单	
2	整理物料	物料
3	回收托盘	
4	确认台账	
实施要求	出库物料账实相符	
实施参考	出库示意图	
申请人		主管	
检验结果	□ 合格　　　　□ 需返修　　　　□ 报废 具体说明：	
实施人		验收人	
完工日期		验收日期	

（2）实施过程

1 确认当前库存。管理员在收到生产或客户的货物需求信息后，根据要求将货物信息输入 WMS，查询库存情况。

① 首先打开 WMS，如图 2-28 所示。

图 2-28　打开 WMS

② 单击在库管理，如图2-29所示。

图2-29　单击在库管理

③ 进入"台账查询"，如图2-30所示。

图2-30　进入"台账查询"

④ 确认库存情况，可以看到当前库存数量共有6个（2+4），如图2-31所示。

图 2-31 确认库存情况

2 下达出库单。确认库存可以满足出库需求后，下达出库单。

① 在出库管理的"出库单列表"界面单击"新增"，制作一个出库任务单，系统会对应自动分配一个出库单号，如图 2-32 所示。

图 2-32 制作出库任务单

②选择"客户",选择当前要出库的 SKU,并输入要出库的数量,单击"保存"按钮,保存当前出库单主表,如图 2-33 所示。

图 2-33　保存当前出库单主表

③单击"生成任务单",选择出库的优先级,包括"正常"或"紧急"两个级别,如图 2-34 所示。

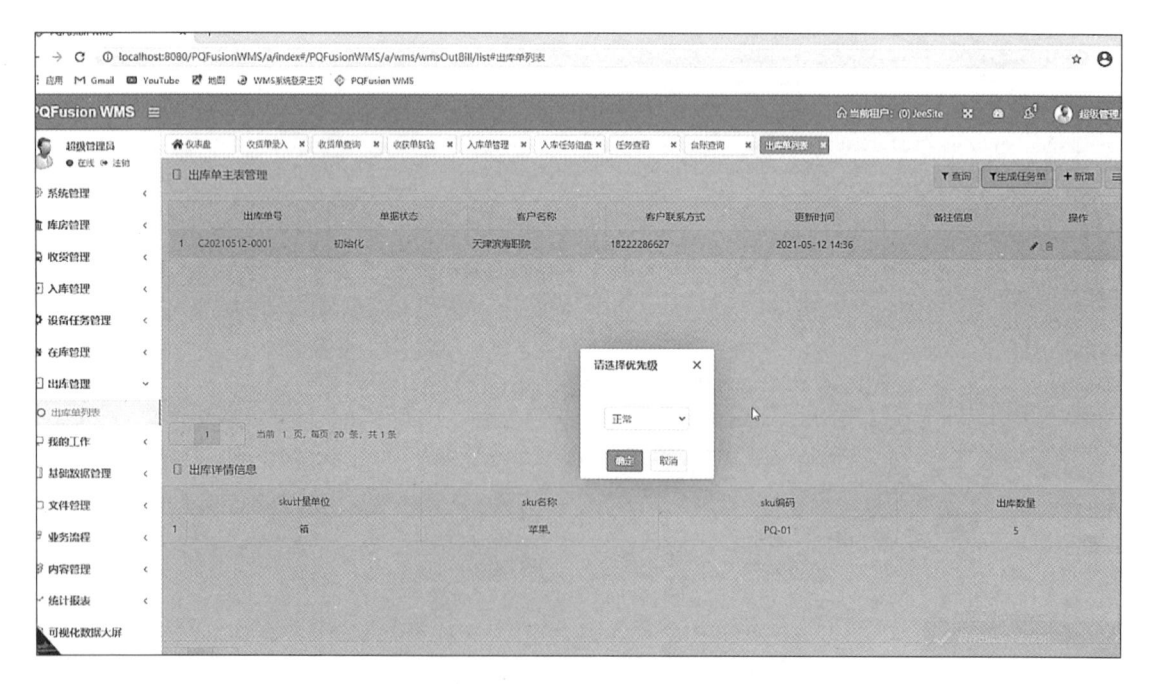

图 2-34　选择出库的优先级

④ 确定优先级之后，就可以看到当前单据状态为"作业中"，如图2-35所示。

图2-35 当前单据状态

⑤ 任务单下达之后，就可以看到当前设备任务处于"待作业"状态，随后智能设备即将开始作业，如图2-36所示。

图2-36 "待作业"状态

任务评价

任务评价表见表2-5。

表2-5 任务评价表

阶段	序号	评分标准	配分	自评	教师评价
职业素养	1	积极参与团队任务，分工明确，团队协作高效	10		
	2	责任心强，勇于承担责任，不推卸问题和责任，对执行结果负责	10		
	3	任务完成后主动按照实训室要求对系统进行保存并恢复	10		
知识技能掌握	1	掌握货物的检验方法	10		
	2	了解并熟悉WMS入库的策略及选定方法	10		
	3	了解并熟悉WMS出库的策略及选定方法	10		
	4	熟悉WMS的常规业务操作	10		
实训成果	1	能在WMS中完成入库作业	15		
	2	能在WMS中完成出库作业	15		
合计					

项目评测

一、选择题

1. 检测货物是仓储业务中的一个重要环节，下列哪一项不属于检验货物的重要内容（　　）。
   A. 检验数量　　　　　　　　B. 检验物流渠道
   C. 检验外观质量　　　　　　D. 检验包装

2. 仓库会先从成本、管理、企业自身状况等角度出发，制定一个分类标准，然后再依照该标准对当前存储的物品进行分类，最后这些类型的物品会被指定某些存储区域。上述入库策略属于（　　）。
   A. 按库位号顺序入库　　　　B. 按SKU类型入库
   C. 按ABC种类入库　　　　　D. 随机入库

二、填空题

1. WMS的出库策略包括_____和_____等策略。

2. 物品执行入库时，物品的存放位置与物品和SKU种类无关，而是按照组、列、层的库位号次序来存放的，是属于_____入库策略。

三、判断题

1. 同一ABC种类可能包含有多个SKU类型的物品，这些物品只要属于同一ABC类别，就会被存放至同一指定区域。　　　　　　　　　　　　　　　　　　　　　（　　）

2. "量小先出"的出库策略主要用于对保质期敏感的物品出库。　　　　（　　）

四、简答题

1. 简述WMS的入库作业流程。

2. 简述WMS的出库作业流程。

项目 3

智能仓储中的信息化技术及应用

项目导言

物流业的蓬勃发展,离不开智能物流技术的应用,更离不开智能仓储系统的推广普及。本项目以工业智慧物流为背景,以 BTB 物流的仓储部分为原型,利用射频识别(RFID)、网络通信、信息系统应用等信息化技术及先进的管理方法,实现入库、出库、盘库、智能拣选等功能。

工作任务

智能仓储中运用了很多技术,本项目介绍在智能仓储过程中运用的主要的信息化技术。智能仓储系统运用的主要技术有射频技术、条码技术、3D视觉检测技术、传感器技术和电子标签技术。

这些技术在智能仓储中有非常多的应用。在了解以上技术背景后,需要学生针对每一种技术在智能仓储中的应用都有明确的认知,不仅要了解这些技术的应用原理,也要学习每种技术在应用层面的操作和规划。

```
                        项目3  智能仓储中的
                              信息化技术及应用
         ┌──────────────┬──────────────┬──────────────┐
   任务1 射频技术及应用  任务2 条码技术及应用  任务3 3D视觉检测技术及应用  任务4 传感器技术及应用
```

任务 1　射频技术及应用

任务描述

射频识别（RFID）是一种非接触式的自动识别技术。它通过射频信号自动识别目标对象并获取相关数据，识别过程无须人工干预。由于射频技术自身所具有的显著优势，利用智能标准有效地确保了数据的安全性，在当前物流行业中得以广泛应用。尤其是智能仓储领域中，RFID 技术广泛应用在出入库、盘点、智能拣选等环节中。

近日，某企业为提高仓储物流的效率，降低物料配送的错误率，计划在当前物料输送线上增设若干 RFID 设备。小董作为设备科的技术员，主要负责与乙方公司做技术对接，完成 RFID 设备与控制器之间的通信配置，然后移交给仓储部门做后续工艺设定。

任务目标

- 了解射频识别的概念以及应用领域。
- 熟悉射频识别系统的硬件组成。
- 了解射频识别技术的分类。
- 能够通过博图软件，正确查看 PLC 控制器的 IP 地址和端口号。
- 能够对 RFID 设备进行通信配置。

任务准备

- 教学场地：实训室。
- 硬件系统：BTB 智能仓储设备、RFID 控制器、RFID 读写头。
- 工具辅件：内六角扳手、网线、ZNetCom Utility。
- 准备操作：实训指导教师需要整理 PLC 控制器的 IP 地址以及通信端口号。

任务分析

此任务的实施需要建立在对射频识别技术有一定了解的基础上，具体内容包括明确 RFID 通信要求、硬件安装、控制器通信参数的查看、RFID 通信参数的修改及配置等。这些任务内容涉及机械、电气以及通信领域，可以小组共同实施。

RFID 技术可对库存物品的入库、出库、移动、盘点和配料等操作实现全自动控制和管理，实现对物品的全程跟踪和可视化管理，有效利用仓库仓储空间，提高企业物料管理的质量和效率，降低企业库存的成本，从而提升企业的竞争力。

此任务我们将学习射频识别技术的相关知识，了解 RFID 在物流领域中的应用。

课时安排

建议学时共 4 学时，其中相关知识学习建议 2 学时；学员练习建议 2 学时。

知识储备

素养案例

随着万物互联时代的到来，RFID 电子标签以其小巧而强大的身影，成为引领智能时代的重要技术。RFID 电子标签可以实时地跟踪物品的位置和状态，大大提高货物的流转效率和管理效果。RFID 电子标签可以存储更多的信息，例如物品的批次、生产日期、质量信息等。这对于追溯和质量管理来说具有重要意义。此外，RFID 电子标签还可以实现自动化识别，无须人工干预，大大提高了工作效率和准确性。

除了物流和仓储行业，RFID 电子标签还可以应用于零售、医疗、农业等领域。在零售行业，RFID 电子标签可以实现对商品的实时监控和库存管理，提高了销售效能和用户体验。在医疗行业，RFID 电子标签可以用于医疗设备的管理，病人的识别和追踪，提高了医疗服务的质量和安全性。在农业领域，RFID 电子标签可以用于动物和农产品的追溯和溯源，保障了食品安全和质量。随着电子标签技术的不断进步和应用的扩大，人工智能将继续在各个领域引发深远的影响。

1. 射频识别的概念

射频识别，普遍指无线射频识别（Radio Frequency Idenfication，RFID）技术，它利用无线射频方式在阅读器和射频卡之间进行非接触双向数据传输，以达到目标识别和数据交换的目的。

2. 射频识别（RFID）系统的硬件组成

射频识别系统的硬件主要由三部分组成，如图 3-1 所示。

（1）射频标签（Tag）：又称电子标签，它包含存有电子数据的芯片和内置天线，每个标签都具有唯一的电子编码，附着在物体上，可以用作识别物品的标识性信息。

（2）读写器（Reader）：读取（有时可以写入）标签信息的设备，可设计为手持式或固定式。

（3）天线（Antenna）：是读写器和标签之间传输数据的发射接收装置。

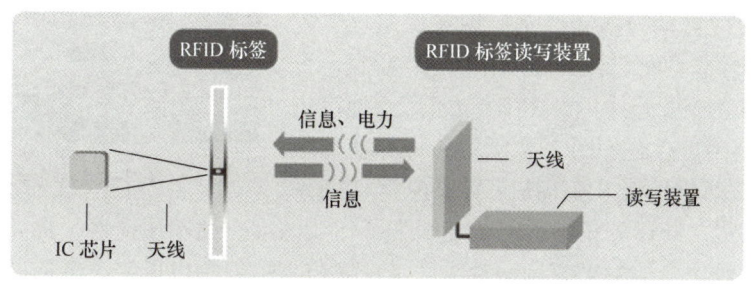

图 3-1 射频识别（RFID）系统的硬件组成

3. 射频识别（RFID）技术的分类

根据不同的分类方法，RFID 技术有不同的分类，见表 3-1。

表 3-1　RFID 技术分类

分类方法	RFID 技术	特点	适用
根据工作频率不同划分	低频（125～134.2kHz）	电子标签内保存数据少，阅读距离较短，标签外形多样，阅读天线方向性不强	常用于门禁系统、动物芯片、畜牧或宠物管理、衣物送洗、汽车防盗器和玩具
	高频（13.56MHz）	能传送大量数据，其传输速度较快且可以进行多标签的辨识；技术成熟，应用和市场广泛且接受度高	应用于门禁系统、公交卡、电子钱包、图书管理、产品管理、文件管理、栈板追踪、电子机票、行李标签
	超高频（860～930MHz）	其读取距离较远、资讯传输速率较快，可以同时大量地读取与辨识标签，成本较高	应用于航空旅客与行李管理、货架及栈板管理、出货管理、物流管理、货车追踪、供应链追踪
	极高频/微波（2.45GHz/5.8GHz）	和超高频段相似，但是对环境的敏感性较高，如易被水汽吸收，实施较复杂，未完全标准化，普及率待观察	一般应用于行李追踪、物品管理、供应链管理等
按电子标签的供电方式划分	无源 RFID	优点：结构简单、成本低、故障率低、使用寿命较长 缺点：有效识别距离通常较短，一般用于近距离的接触式识别	典型的应用包括公交卡、二代身份证、食堂餐卡等
	有源 RFID	优点：识别距离较长 缺点：体积较大，使用寿命有限（3～10 年）	典型应用包括物流追踪、车辆管理、物品追踪等
	半有源 RFID	优点：增强的信号强度和读取距离，更好的性能，更长的使用寿命；近距离可激活定位，远距离可传输数据 缺点：电池寿命有限，成本高于无源 RFID，比无源标签大且重	典型应用包括门禁出入管理、安防报警等方面

4. 射频识别（RFID）技术在物流领域的应用

（1）库存。RFID 技术能够改进零售商的库存管理，实现适时补货，对运输与库存进行有效跟踪，提高效率，减少差错，同时，智能标签能对某些时效性强的商品是否在有效期限内进行监控；商店还能利用 RFID 系统在付款台实现自动扫描和计费。现在沃尔玛、麦德龙、迪卡侬等零售商都已经开始实施 RFID 项目。

（2）仓储。在企业仓库里，RFID 技术广泛地应用于存取货物与库存盘点，如图 3-2 所示，将存货和取货等操作实现自动化。将 RFID 技术与供应链计划系统中的收货、取货、装运等相结合，不仅增强了作业的准确性和快捷性，提高了服务质量，降低了成本，同时减少了由于商品误置、送错、偷窃、损害和出货错误等造成的损耗，提高了物流管理的透明度和库存周转率。

图 3-2　库存盘点应用

（3）运输。在运输管理过程中，在车辆和在途运输的货物上贴上RFID电子标签，并在运输线路的一些检查点上安装RFID接收转发装置。一旦接收装置捕获到RFID电子标签信息，这些信息便会连同接收地的位置信息一起被上传至通信卫星，再由卫星传送给运输调度中心并由调度中心将信息录入数据库，通过这种方式即可完成对运输全过程的追踪。

（4）配送。在配送管理环节采用RFID技术能大大提高拣选与分发过程的效率与准确率，并能降低人工成本和配送成本。当RFID系统读取相关信息时，会与发货记录进行核对，从而快速检测可能存在的错误。RFID技术还能够实时更新RFID电子标签内的商品状态，使库存控制得到精确管理。通过该技术，还能够准确掌握有多少货箱处于转运途中、转运的始发地和目的地，以及预期的到达时间等信息。

5. 射频识别（RFID）技术在仓储拣选中的应用

在电子标签亮灯拣选系统中，每个货架或货位上都安装了一个RFID读写器。每个商品或货物上都贴有一个带有RFID电子标签的标识。当需要进行拣选时，拣选系统会根据订单信息通过RFID技术识别需要拣选的商品，并将对应的货架或货位上的LED灯亮起，指示操作员前往该位置进行拣选，如图3-3所示。操作员根据亮灯指示，去对应的货架或货位上取出相应的商品，完成拣选工作，这种自动化的方式能够减少拣选过程中的错误和时间延误，提高仓储物流的效率和准确性。

需要注意的是，亮灯拣选系统并不仅限于RFID技术，也可以使用其他定位和识别技术，如条码扫描、视觉识别等。

（1）摘果式作业流程。在摘果式作业流程中，每个电子标签都代表特定的货品或储位，并且以一张订单为一次处理的单位。当系统接收到订单后，会将与订单中订货货品相对应的电子标签点亮，检货人员依照灯号与数字的显示将货品自货架上取出，即称为摘果式作业流程，如图3-4所示。

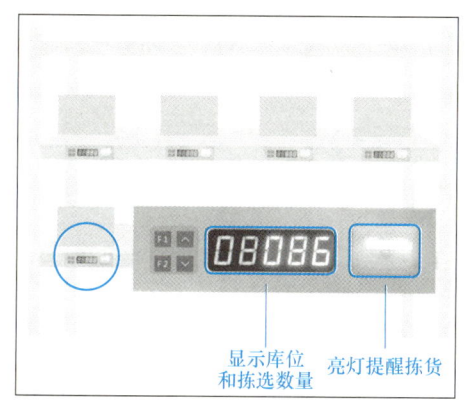

图3-3 电子标签亮灯拣选系统

图3-4 摘果式作业

（2）播种式作业流程。在播种式作业流程中，每个电子标签代表的是一个特定的订单客户或配送对象，每个品项为一次处理的单位。分播员扫描商品条码后，系统会将订购此项货品的客户所对应的电子标签点亮，配货人员只要依照电子标签灯号与数字显示将货品配予客户即可，这就是播种式作业流程，如图3-5所示。

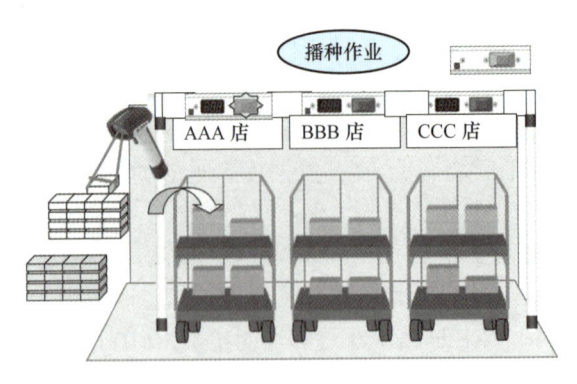

图 3-5　播种式作业

6. 射频识别（RFID）技术在生活中的应用

素养案例

工业 4.0 是指工业生产领域的第四次革命，主要特征是自动化生产和数字化技术的广泛应用，射频识别技术通过射频读写器实时获取物料的位置和状态信息，为生产过程提供了实时数据采集和通信的基础，数据被传输到人工智能系统中进行分析和决策，实现生产过程的智能化和自动化。射频识别技术和人工智能相互融合使工业生产更加高效、精准，射频识别技术和人工智能的应用也为企业带来了新的商机和竞争优势，推动工业 4.0 的改革和创新。

（1）商品防伪。如图 3-6 所示，某品牌白酒在瓶盖上集成小型超高频电子标签，实现酒类防伪功能。

（2）人员管理。RFID 技术可用于人员管理方面，如与会人员代表证、会场人员管理系统等，如图 3-7 所示。

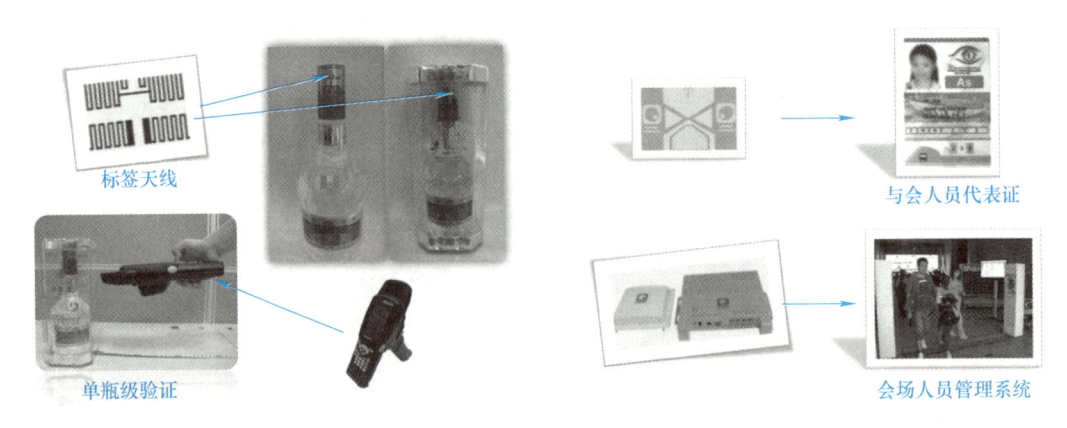

图 3-6　小型超高频电子标签　　　　图 3-7　人员管理应用

（3）药品溯源管理。使用 RFID 技术，可以对药品的生产、流通、使用全程进行跟踪和

项目 3　智能仓储中的信息化技术及应用

可追溯监管，实施对问题药品快速、可控的召回，如图 3-8 所示；通过在电子标签上实现低成本安全认证，提供药品的防伪、防假技术手段。

图 3-8　药品溯源电子标签

任务实施

RFID 设备的硬件连接与通信配置

（1）工单（见表 3-2）

表 3-2　工单

公司			编号	
设备管理工作任务单				
申请部门：仓管部门				申请日期：
实施名称	RFID 设备的硬件连接与通信配置		要求完工日期	
实施背景	为了保证实际输送的托盘与 WMS 中的托盘信息一致，仓管部门计划在输送线上增设 1 个 RFID 设备，用来校验出入库的托盘编号，进而提升仓库的信息化管理水平			
辅件申请	"ZNetCom Utility" 配置工具、网线、内六角扳手			
	工作流程			辅助工具
1	在智能仓储输送线上安装 RFID 硬件设备			内六角扳手
2	连接电源及通信线缆			网线
3	打开 "ZNetCom Utility" 配置工具，进行通信设置			ZNetCom Utility
实施要求	RFID 与 PLC 控制器能够正常通信			
实施参考	RFID 在输送线的应用			
申请人			主管	
检验结果	□合格　　□需返修　　□报废 具体说明：			
实施人			验收人	
完工日期			验收日期	

047

（2）实施过程

■1 接口认知。RFID控制器作为射频信号的中转枢纽，需要连接周边各种设备进行通信。如图3-9所示，RFID控制器接口包含读写头连接接口、电源接口、预留接口和网口等。

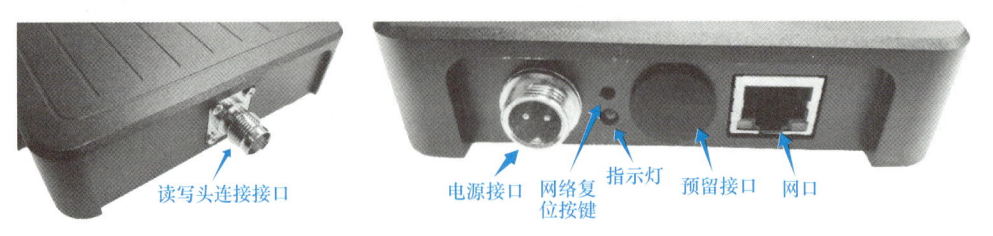

图3-9　RFID控制器接口

■2 硬件连接。

① 将读写头的接头拧到控制器的连接器上，确保接头拧紧，如图3-10所示。

图3-10　连接读写头

② 将网线插入控制器的RJ45网络端口，如图3-11所示。

③ 控制器标配12V/3A的直流电源，将电源连接接头插入控制器的电源端，并拧紧螺丝，然后接通电源，如图3-12所示。通电后蜂鸣器会"滴"一声，绿色状态指示灯常亮。

图3-11　连接网线　　　　图3-12　连接电源线

④ 将网线的另一端连接至计算机的网口，如图3-13所示。至此硬件连接完成。

■3 通信配置。

① 计算机需要安装"ZNetCom Utility"配置工具，双击图3-14所示工具软件图标。

项目 3　智能仓储中的信息化技术及应用

图 3-13　连接计算机网口　　　　　图 3-14　"ZNetCom Utility"配置工具

② 通讯链路选择"以太网",单击"确定",如图 3-15 所示,配置软件会自动搜索连接在线的 RFID 设备。

图 3-15　选择以太网通讯链路

③ 如图 3-16 所示界面即为搜索界面,可以看到当前通过以太网连接 1 台 RFID 设备。

图 3-16　搜索以太网设备

049

④ 如图 3-17 所示，单击搜索到的设备，获取设备信息。如图 3-18 所示为当前设备的属性信息。

图 3-17　获取设备信息

图 3-18　当前 RFID 设备信息

⑤ 使用博途软件打开完成设备组态设置的工程文件，查看 PLC 控制器中与当前 RFID 设备连接的通信参数，如图 3-19 所示，然后在软件中修改当前设备的网段、端口以及网关 IP。

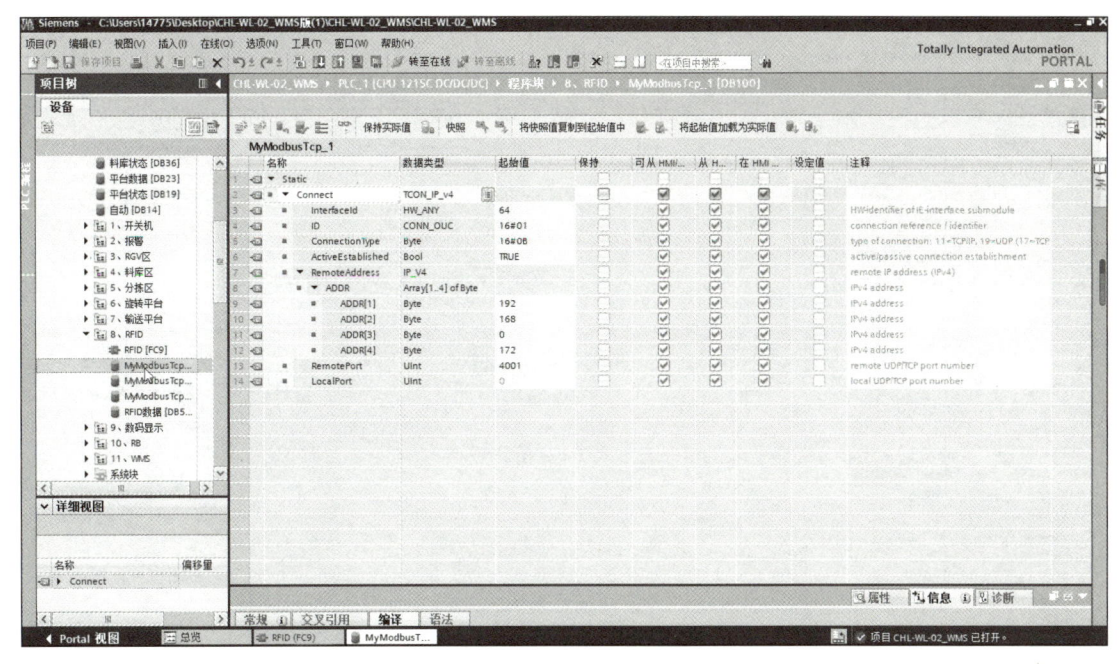

图 3-19 PLC 通信参数

⑥在"属性栏"中，主要修改以下参数，如图 3-20 所示。

设备 IP，即为 RFID 设备的 IP 地址，与 PLC 中该设备的地址保持一致，且与 PLC 的 IP 保持在同一网段，改为：192.168.0.172。

设备网关 IP，即为 PLC 控制器的 IP 地址，此处修改为：192.168.0.1。

工作方式选择 TCP Server，工作端口（连接端口）修改为 4001（以 PLC 通信参数实际显示为准）。波特率与 PLC 程序中的通信参数保持一致，此处设置为 115200（以 PLC 通信参数实际显示为准）。

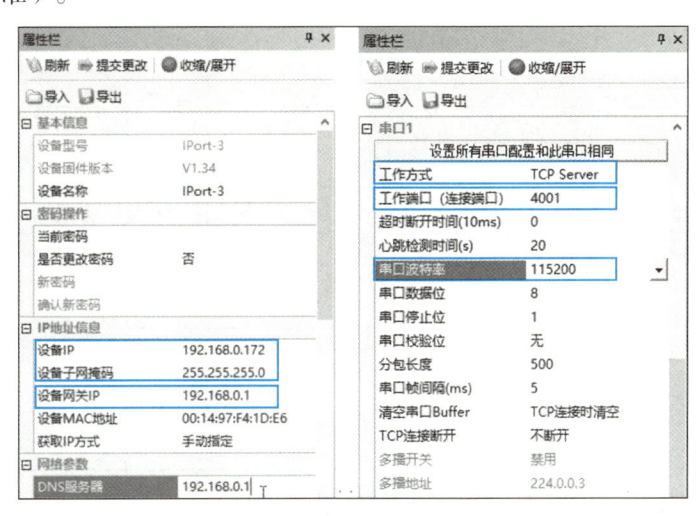

图 3-20 修改属性参数

⑦属性参数修改后，输入密码（默认 88888），单击"提交更改"，即可将当前通信参数下载至 RFID 控制器，如图 3-21 所示。

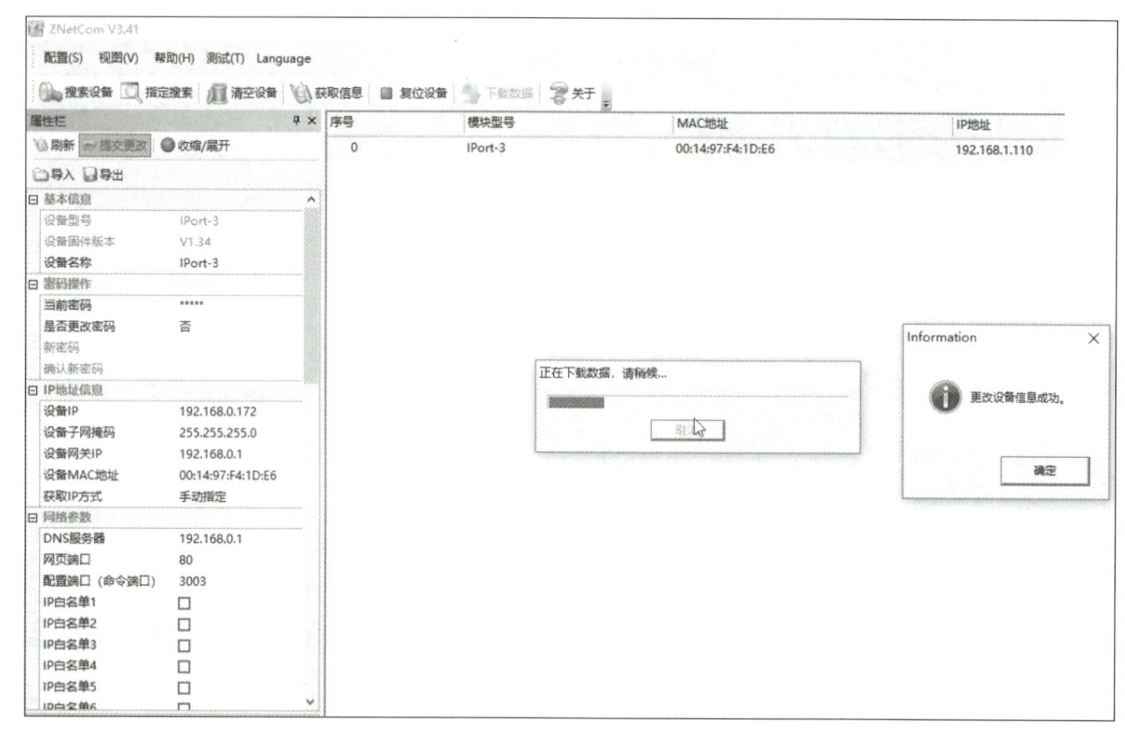

图 3-21　提交更改

任务评价

任务评价表见表 3-3。

表 3-3　任务评价表

阶段	序号	评分标准	配分	自评	教师评价
职业素养	1	积极参与团队任务，分工明确，团队协作高效	10		
	2	责任心强，勇于承担责任，不推卸问题和责任，对执行结果负责	10		
	3	任务完成后主动按照实训室要求对系统进行保存并恢复	10		
知识技能掌握	1	明确工作任务，理解 RFID 的概念	10		
	2	掌握 RFID 系统的硬件组成	10		
	3	熟悉 RFID 技术的分类	10		
	4	能够掌握 RFID 技术在物流领域的应用	10		
实训成果	1	能按时完成任务	10		
	2	能分析关联案例主题，应用所学知识将案例与知识相结合，得出有益的结论	10		
	3	能够正确完成通信配置	10		
合计					

项目 3 智能仓储中的信息化技术及应用

任务 2　条码技术及应用

任务描述

条码技术是一种符号自动识别技术,具有符号编码、采集数据、自动识别条码和录入数据、信息存储等多种功能。条码打印如图 3-22 所示。

某仓储企业在智能化升级以后,大量利用条码技术对物料、托盘、料箱等进行标记,然后扫描条码即可识别所有出入库物料的规格、数目、编号、存储库位等信息。小凯作为设备科的设备管理员,主要负责调研条码打印技术,然后与仓储部门配合共同完成智能仓库的标记工作。

图 3-22　条码打印

任务目标

- 了解条码的类别。
- 能够识别常见条码的结构。
- 能够自行设计条码内容,并打印出一定数量的标签。

任务准备

- 教学场地:实训室。
- 软件系统:BTB 智能仓储设备——收货平台、BarTender UltraLite。
- 工具辅件:条码打印机、打印纸、托盘、物料箱。
- 准备操作:实训指导教师需要确保打印机中已经安装好打印纸。

任务分析

此任务在物流企业中属于日常作业。条码属于易磨损物品,实施者需要了解条码的结构、分类、应用场景等内容,然后根据场景需求,利用打印软件设计出相应的标签条码。后续的粘贴作业一般会移交给其他人员进行。

课时安排

建议学时共 4 学时,其中相关知识学习建议 2 学时;学员练习建议 2 学时。

知识储备

> **素养案例**
>
> 为了严格控制食品质量，食品安全监管强调从农田到餐桌的整个过程的有效控制，在全程监管的基础上实行食品溯源制度。坐落于苏州的×信网络科技公司是长期从事信息技术研发和相关产品使用的科技型企业，已经成熟运用各项条码技术于不同产业链中，通过条码识别技术在数据库中跟踪每一件需要溯源的货物。×信条码技术可以收集所管理食物的关键数据——这就意味着食物可以自报家门，告诉人们它的生产地、运输路线、当前位置、实际温度及其他相关数据，运输公司、批发商、零售商和客户可以确切知道商品的各种信息。如果检测到问题食品，可以很容易回溯到来源，并组织相关的召回工作，使影响程度降到最低，为企业和社会绿色发展保驾护航，提供技术支持。

1. 条码的概念

条码（又称条形码）是按照一定的规则，由不同宽度和高度及具有较强反差的浅色和深色的部分，通常是条形或块状所组成的集合，如图 3-23 所示。从系统看，条码技术涉及编码技术、光传感技术、条形印刷技术以及计算机识别应用技术等。条码系统是由条码符号设计、制作及扫描阅读组成的自动识别系统，条码在各行各业均应用广泛，具有可靠、准确、便宜、灵活、采集信息量大、易于制作等优点。

图 3-23　条码

2. 条码的分类

条码按照所表示的符号方式、能够表示的信息以及发展过程，可以分为一维条码和二维条码。

（1）一维条码。一维条码是一种信息代码，用特殊的图形来表示数字、字母信息和某些符号。条码由一组宽度不同、反射率不同的条和空按规定的编码规则组合起来，用以表示一组数据符号，如图 3-24 所示。一维条码可标识物品的生产国、制造厂家、商品名称、生产日期、类别等信息，在商品流通、图书管理、邮政管理、银行系统等领域有广泛的应用。世界上常用的码制有 EAN 条码、UPC 条码、25 条码、交叉 25 条码、库德巴条码、Code 39 条码和 Code 128 条码等。

图 3-24　一维条码

（2）二维条码。一维条码所携带的信息量有限，如 EAN-13 码仅能容纳 13 位阿拉伯数字，更多的信息只能依赖商品数据库的支持，离开了预先建立的数据库，这种条码就没有意义了，因此，在一定程度上也限制了条码的应用范围。基于这个原因，20 世纪 90 年代出现了二维条码。

二维条码具有信息容量大、可靠性高、保密和防伪性强、易于制作、成本低等优点。二维条码主要有 Code one 码、Data Matrix 码、Maxicode 码、PDF 417 码、Code 49 码及 Code 16K 码等，这些条码大致可分为两大类：堆积或层排式二维条码、棋盘或矩阵式二维条码，如图 3-25 所示。

a）Code one　　　　b）Data Matrix　　　　c）Maxicode

d）PDF 417　　　　e）Code 49　　　　f）Code 16K

图 3-25　二维条码

3. 条码的结构与含义

在仓储中，对于条码所承载的信息没有很高的要求，因此仓储中的条码应用主要以一维条码为主。

（1）一维条码的结构与含义。密度、宽窄比和对比度是一维条码识别的主要特征，条码符号由两侧空白区、起始字符、左侧数据字符、中间分隔字符和右侧数据字符、校验字符（可选）和终止字符组成，如图 3-26 所示。

图 3-26　一维条码组成

① 空白区：它能使阅读器进入准备阅读状态。
② 起始字符和终止字符：标志条码的开始和结束。
③ 数据字符：包含条码所表达的特定信息。
④ 校验字符：校验字符是通过对数据字符进行运算而确定的，用于检验读入的信息是否有效。

（2）EAN-13 码的结构与含义。EAN-13 码是一种使用广泛的商品标识码，常出现在超市货架上的商品上方。它是由国际物品编码协会（EAN）制定和管理的一种条码，旨在为商品提供全球唯一的标识码，在我国的应用非常广泛。

EAN-13 码由四个主要部分构成，如图 3-27 所示。

图 3-27 EAN-13 码构成

① 国家代码：3 位，用来标识国家或地区（如图 3-27 中的 690）。

② 厂商识别代码：4 位，是厂商的唯一标识，我国的厂商识别代码由中国物品编码中心负责分配和管理（如图 3-27 中的 1、2、3、4）。

③ 商品项目代码：5 位，由厂商负责编制，遵循唯一性原则、无含义性原则、稳定性原则（如图 3-27 中的 5、6、7、8、9）。

④ 校验码：1 位，用于识别厂商代码、商品项目代码的正确性（如图 3-27 中的 2）。

4. 条码识别

（1）条码自动识别系统。条码自动识别系统一般由条码自动识别设备、系统软件、应用软件等组成。

条码自动识别设备包括扫描器、译码器、计算机和打印设备，以及显示器。

条码自动识别软件一般包括扫描器输出信号的测量、条码码制及扫描方向的识别、逻辑值的判断，以及阅读器与计算机之间的数据通信等几部分。

（2）常用的条码扫描器。

① 手持式条码扫描器：如图 3-28 所示为最常用的一种手持式条码扫描器，阅读时对条码标签没有损伤，不需与条码符号接触。

② 台式激光自动扫描器：如图 3-29 所示为台式激光自动扫描器，其特点是扫描光照强、扫描距离远、扫描速度快。台式激光自动扫码器常用于不便使用手持式条码扫描器阅读条码信息的场合。

图 3-28 手持式条码扫描器

图 3-29 台式激光自动扫描器

③ 卡式条码阅读器：如图 3-30 所示为卡式条码阅读器，内部的机械结构能保证标有条形代码的卡式证件或文件在插入滑槽后自动沿轨道做直线运动，扫描光点将信息读入，常用于身份证验证、考勤记录和生产管理等领域。

④ 便携式条码阅读器：如图 3-31 所示为便携式条码阅读器，本身具有对条码信号的译解能力。其收集到的数据能暂时存储在自身中，适用于流动性数据采集环境，如仓库的盘点作业。

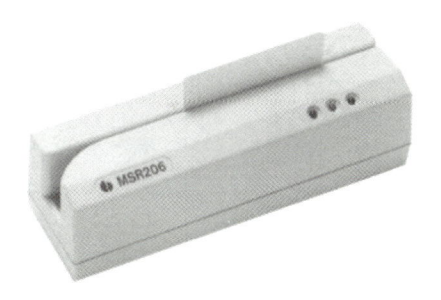

图 3-30 卡式条码阅读器　　　　　　　图 3-31 便携式条码阅读器

5. 物流条码

（1）物流条码的概念。物流条码是用于标识物流领域中具体实物的一种特殊代码，是在整个物流过程中，包括生产厂家、分销业、运输业、消费者等环节的共享数据。它贯穿整个贸易过程，并通过物流条码数据的采集、反馈，提高整个物流系统的经济效益。

（2）物流条码的特点。与商品条码相比较，物流条码作为储运单元的唯一标识，服务于物流全过程，具有信息量大、可变性强、可维护性强等特点。目前的物流条码码制有许多，但国际上通用的和公认的物流条码码制主要有 3 种：EAN-13 码、ITF-14 码及 UCC/EAN-128 码。根据货物的不同和商品包装的不同，采用不同的条码码制。单个大件商品，如电视机、电冰箱、洗衣机等商品的包装箱常采用 EAN-13 码。储运包装箱常采用 ITF-14 码或 UCC/EAN-128 码。

（3）物流条码在物流单元中的应用。

1）物流单元定义。物流单元是为运输或储存而设立的一种包装单元，该单元需要通过供应链进行管理，如托盘、桶、板条箱、集装箱等。

2）物流单元的标识。为实现对物流单元的有效跟踪和高效运输，每个物流单元都必须有一个唯一标识。通过此标识可用电子方式得到其全部的必要信息。

3）系列货运包装箱代码（SSCC）。物流单元是通过系列货运包装箱代码（SSCC）来标识的。供应链各参与方都可用它来访问计算机内的有关信息。SSCC 与 EDI 和 XML 的结合使用，把信息流和物品流有机连接起来，可大大提高货物的装船、运输和接收效率。

4）物流单元标签。国家标准为《商品条码　物流单元编码与条码表示》（GB/T 18127—2009）。物流单元标签包括三个标签区段，从上到下的顺序为：承运商区段、客户区段、供应商区段。

5）供应链物流标签的位置。一个物流单元通常需要两个标签标识，两个标签最好固定在相邻的两个侧面上。如果实际情况不允许，每个物流单元最少要有一个标签。

6）关于物流条码的应用模型。如果是固定数据，可以采用 EAN/UPC 商品单元的编码；如果是储运过程中使用的，可以采用 SCC14 储运单元条码。

（4）手持式条码输入终端在物流作业中的应用。手持式条码输入终端具有一体性、机动性、体积小、重量轻、性能高、适于手持等特点。它是将条码扫描装置与数据终端一体化，带有电池可离线操作的终端计算机设备。目前，无线式手持条码输入终端也已投入使用，在信息的实时采集与处理方面更加便捷。

1）仓储及配送中心中的应用：①商品的入库验收；②商品的出库发货；③库存盘点。
2）商品卖场中的应用：①自动补充订货；②到货确认；③盘点管理。

任务实施

条码的制作与标记

（1）工单（见表3-4）

表3-4 工单

公司			编号	
设备管理工作任务单					
申请部门：仓管部门				申请日期：
实施名称	条码的制作与标记		要求完工日期	
实施背景	某企业新建一个智能立体仓库，对于新制的托盘、物料箱等辅助设备需要编码标识，才能实际应用于智能仓储系统。设备管理员小凯在了解企业仓储编码规则之后，开始着手进行此项业务。小凯学习了条码的制作方式，并且将制作好的条码标签粘贴在托盘和料箱的指定位置，完成条码标记			
辅件申请	打印软件 BarTender UltraLite、条码打印机、打印纸、托盘、物料箱			
	工作流程			辅助工具
1	设计并编辑条码			打印软件 BarTender UltraLite
2	打印条码			条码打印机、打印纸
3	粘贴条码于托盘、物料箱之上			托盘、物料箱
实施要求	严格按照表中的信息进行定义			
实施参考	粘贴标签			
申请人			主管	
检验结果	□合格　　　　□需返修　　　　□报废 具体说明：			
实施人			验收人	
完工日期			验收日期	

（2）实施过程

1 制作标签。

① 打开打印软件，选择当前使用的打印机，如图 3-32 所示。

② 设置标签纸的规格和大小，如图 3-33 所示。

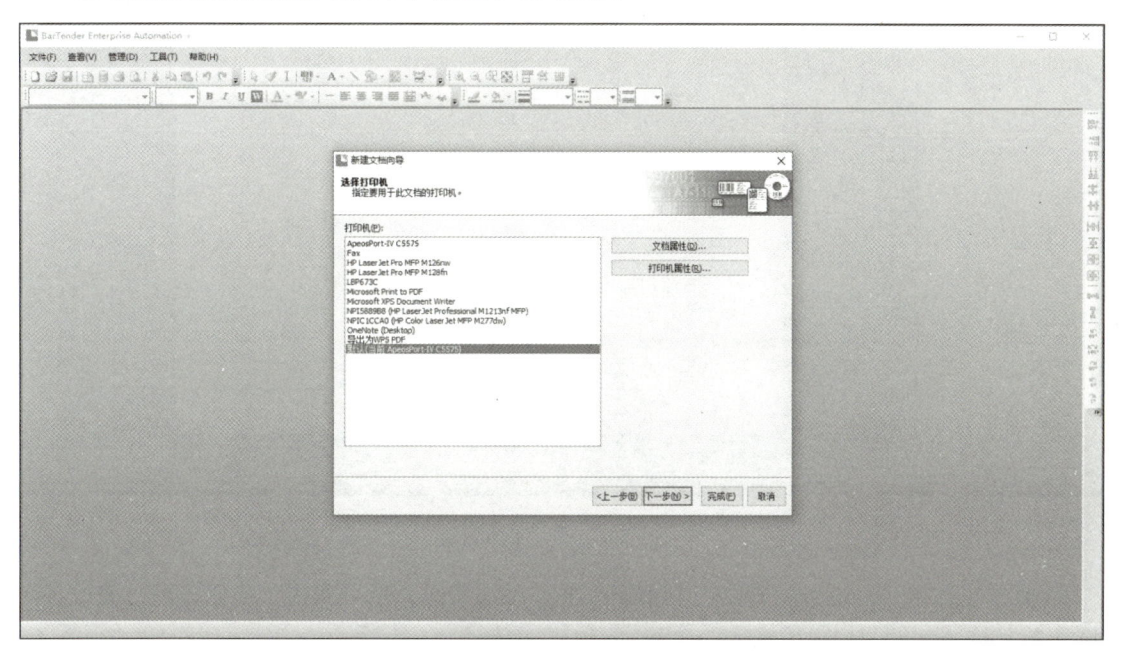

图 3-32　选择打印机

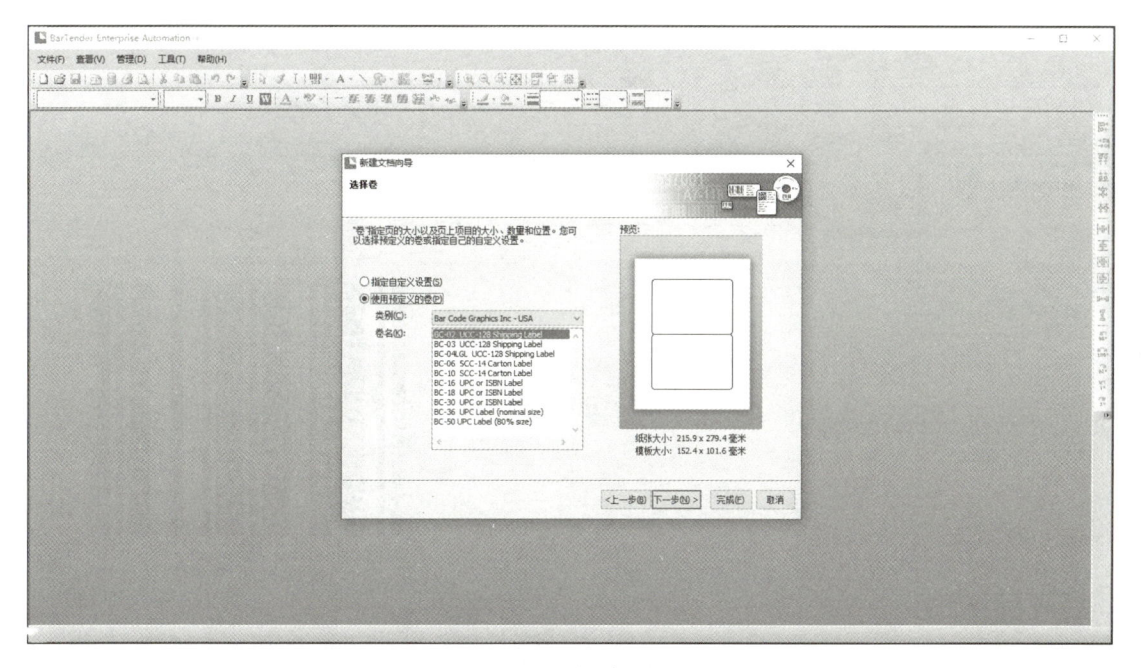

图 3-33　设置标签纸

③ 确定好标签数据之后，就进入项目文档编辑界面，如图 3-34 所示。

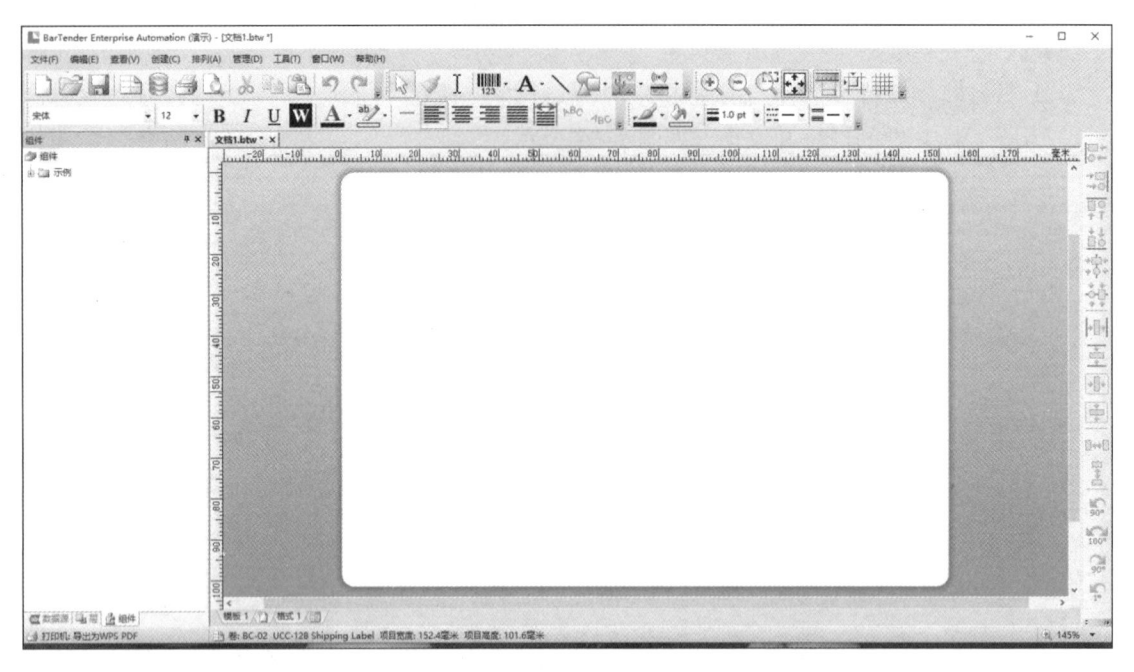

图 3-34 项目文档编辑

④ 单击左侧"Serialized Code 128 Bar Code"添加条码，然后双击该条码，可以修改条码嵌入的数据，此处我们随机输入一个数字"93"，如图 3-35 所示。

图 3-35 修改条码数据

⑤ 调整此条码至界面居中位置，如图 3-36 所示。

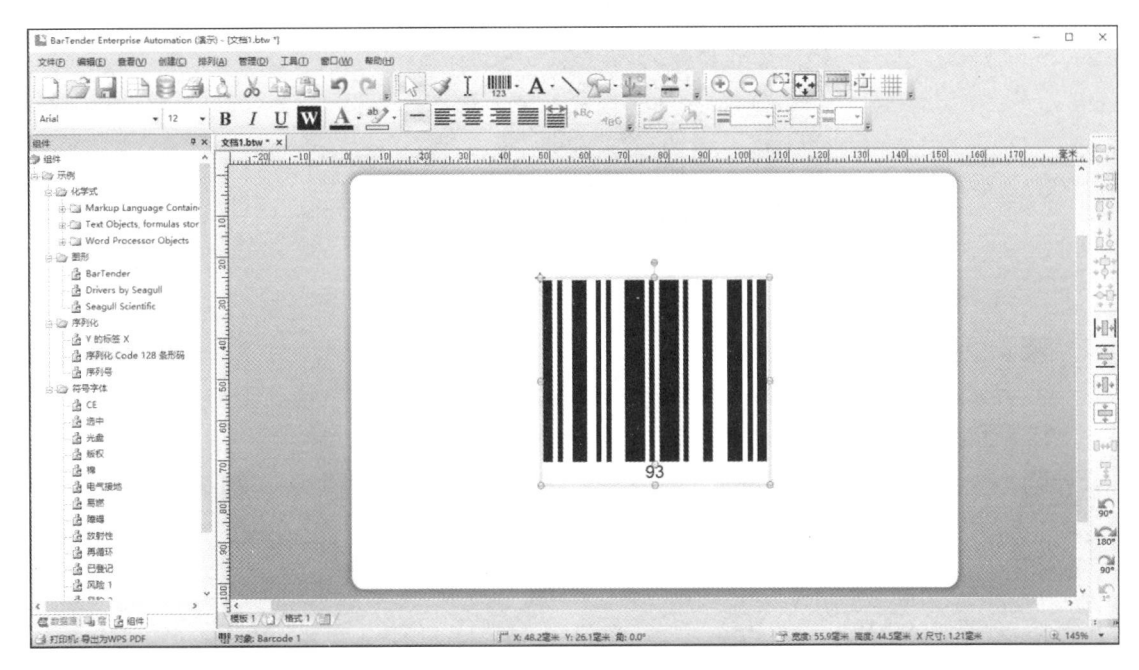

图 3-36　调整条码位置

⑥ 单击打印图标，确认打印，如图 3-37 所示。

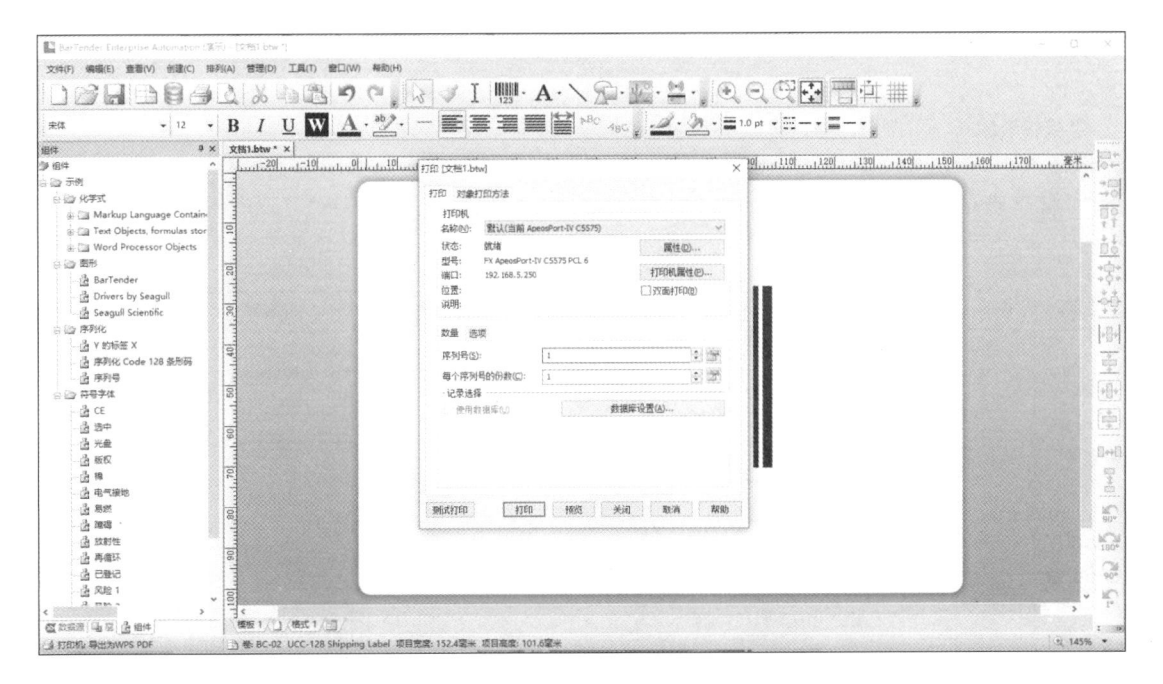

图 3-37　确认打印

⑦ 此时打印机就可以打出条码标签了，如图 3-38 所示。

图 3-38　打出条码标签

2 标记托盘。

① 将破损的旧标签清除掉，如图 3-39 所示。

② 粘贴新的托盘标签，如图 3-40 所示。

图 3-39　清除旧标签　　　　　　　图 3-40　粘贴新标签

任务评价

任务评价表见表 3-5。

表 3-5　任务评价表

阶段	序号	评分标准	配分	自评	教师评价
职业素养	1	积极参与团队任务，分工明确，团队协作高效	10		
	2	责任心强，勇于承担责任，不推卸问题和责任，对执行结果负责	10		
	3	任务完成后主动按照实训室要求对系统进行保存并恢复	10		
知识技能掌握	1	掌握条码的概念	10		
	2	了解条码的分类	10		
	3	掌握条码的结构和含义	10		
	4	学会识别常用的条码扫描器	10		
实训成果	1	能够完整地填写工单	10		
	2	能够完成条码的制作	10		
	3	能够准确地完成条码的标记	10		
合计					

任务 3　3D 视觉检测技术及应用

任务描述

3D 视觉检测是相对于 2D 视觉检测而言的。随着机器视觉技术的发展，2D 视觉检测因其自身局限性，越来越难以适应企业对精确度和自动化的要求，3D 视觉检测技术也因此越来越受欢迎，3D 视觉检测抓取系统就是其中的典型应用，如图 3-41 所示。

A 公司引进了 3D 视觉检测系统，小庞作为公司设备管理部门的工程师，需要通过主动学习与调研来全面认识视觉检测技术，了解 3D 视觉检测技术的基本理论，分析 3D 视觉检测技术的优势，掌握 3D 视觉检测技术在实际中的应用，并能实施 3D 视觉检测系统设置与建模。

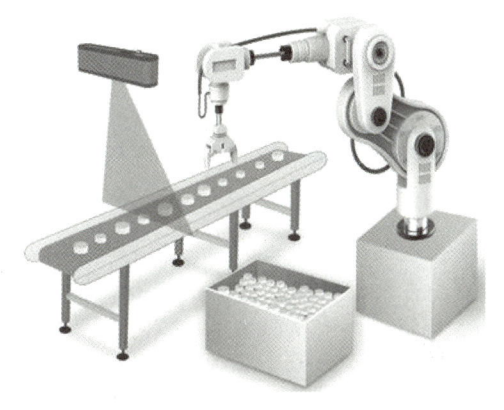

图 3-41　3D 视觉检测抓取系统

任务目标

- 能够说出 3D 视觉检测技术的基本原理。
- 了解 3D 视觉检测技术的优势。
- 知道 3D 视觉检测技术在实际中的应用情况。
- 能使用 3D 视觉检测系统与设备识别待检物品。

任务准备

- 教学场地：设备实训室。
- 硬件系统：3D 视觉检测系统、检测设备（如 3D 摄像头等）。
- 工具辅件：计算机、待检物品。
- 准备操作：实训指导教师介绍 3D 视觉检测技术，指导完成系统操作。

任务分析

此任务需要在掌握 3D 视觉检测技术基本理论，熟知系统安装和设置的基础上完成。3D 视觉检测系统相当于让机械臂多了一双"眼睛"，通过智能分析，可以给机械臂最佳路径，让机械臂抓取物料更加精准，更加高效。

3D 相机的初始设置比较复杂，要进行软件安装、工控机驱动程序的安装等，还要进行清晰度的调整。相机与机器人的手眼标定，初始设置完毕后，才能使用 3D 视觉检测系统与设备识别待检物品。

课时安排

建议学时共 4 学时，其中相关知识学习建议 2 学时；学员练习建议 2 学时。

知识储备

素养案例

3D 视觉检测技术是一种人工智能技术，它可以通过对图像进行分析和识别，实现对产品质量的自动检测和控制。它可以应用于许多领域，如制造业、物流业、医疗行业等。3D 视觉检测技术可以用于制造过程中的产品质量控制和缺陷检测。例如，在制造过程中使用 3D 视觉检测技术可以检测产品的尺寸、形状、表面缺陷等，从而提高生产效率和产品质量。3D 视觉检测技术可以用于医学图像分析和诊断。例如，在医疗设备中使用 3D 视觉检测技术可以识别图像中的缺陷和异常，从而及时发现和治疗潜在疾病。3D 视觉检测技术可以用于零售商的商品包装和陈列检查。在零售业中使用 3D 视觉检测技术可以检测商品的包装是否正确、牢固、美观等，从而提高零售商的服务水平和顾客体验。

1. 什么是 3D 视觉检测技术

3D 视觉检测技术是指通过 3D 摄像头采集视野空间每个点位的三维坐标信息，通过算法智能获取三维立体成像，不会轻易受到外界环境、复杂光线的影响。相较于传统的二维技术，3D 视觉检测技术更加稳定，能够解决以往二维体验和安全性较差的问题。

结构光三角测量是一种常用的 3D 视觉检测技术，其核心原理在于投射特定波长的光源图案到被测物体表面。当光线照射到物体表面时，物体的形状和曲率会对光线进行调制，形成一幅有关物体形状的图像。这些图像被捕获并用于计算物体表面上各点的深度或三维坐标。通过识别和分析光图案的形变或位移，可以确定每个像素点在三维空间中的位置，从而实现对物体形状和位置的检测。

立体视觉原理基于使用至少两个摄像头或传感器来模拟人的双眼视觉。这些摄像头或传感器放置在不同的位置，从不同的角度观察同一物体。通过比较和分析这些图像之间的差异，可以获取物体的三维信息。通过在图像中匹配相应的特征点，如边缘、角点或纹理，可以计算出这些特征点在不同摄像头视角下的位置差异，从而得到物体的三维坐标。

2. 3D 视觉检测技术在国内的发展现状

3D 视觉检测技术在众多领域具有重要的战略意义，目前中国 3D 人脸识别落地应用居全球领先水平。值得一提的是，国内 3D 视觉技术独角兽奥比中光，是唯一可实现量产结构光 3D 传感摄像头的中国企业，3D 传感专利数比肩苹果、微软等，位居世界前列，其 3D 视觉模组、算法以及配套解决方案可广泛适配于多品牌、多形态的智能终端，更是为 3D 视觉领域发展开拓广泛的应用场景。比如 OPPO Find X、支付宝刷脸支付便是采用奥比中光 3D 视觉模组的方案。

除了在手机以及刷脸支付、刷脸过闸机领域的应用场景布局之外，3D 视觉方案几乎无所不能，在智能家居、智能安防、汽车电子、工业测量、新零售、智能物流等领域发挥重要作用，堪称赋能产业创新的重要推力。

以与我们每个人息息相关的智能家居领域为例，3D 视觉检测技术可以令智能家电获得感知物体形态和距离的能力，可以使用手势识别、骨骼识别来操控家电，开启智能家居的新时代。

而在工业自动化领域，3D 视觉检测技术同样有着巨大的商业价值。当机械臂或者机器人利用 3D 视觉检测技术感知物体的大小、形态之后，可以实现对不同形状的物体进行高度自动化操作，不再局限于处理单一形态的物体，驱动工业生产力迎来创新变革。

3. 3D 视觉检测技术的优势

（1）不受目标物体对比度的影响，测量更加精准。2D 视觉检测技术严重依赖于被测物体表面的对比度，如果不能满足特定光照条件（照射角度、波长等），则无法准确地从图像背景中提取出关键的特征，导致可靠性和测量精度都无法得到保证。另外，2D 视觉检测技术根本无法检测黑色背景上的黑色物体。

3D 视觉检测技术是使用结构光三角测量原理，将特定波长的激光图案投射到物体表面。光投射平面与相机光轴之间的夹角是固定的，因而系统设计人员无须考虑光源的照射角度及波长问题。图像中的前景是被物体表面形状调制后的激光图案，图像对比度是恒定的，只取决于物体表面材质的反光能力，不受环境光变化影响。

（2）支持形状测量。2D 视觉检测技术无法提供高度信息，只能在平面上进行几何测量，任何与高度信息关联的检测需求都不能满足，比如以下场景：

① 抖动检测——高度值发生变化。
② 翘曲检测——两侧高度不一致。
③ 厚度检测——高度相减。

3D 视觉检测技术能够识别物体的空间立体位置和表面信息，被测物体可以在传感器的有效测量范围内任意移动或摆放。

（3）安装简单，操作方便。2D 视觉检测系统必然存在相机和光源，为了满足特定的光路条件，待检物体、相机、光源之间必须满足特定的位置关系，尤其是对于光路复杂的场景，位置关系就更加复杂了。再者对于尺寸测量类的检测项目需要到安装现场才能进行标定，位置关系一旦发生变化，必须重新标定。这给安装调试都带来了一定的困难。

相对于 2D 视觉检测技术，3D 视觉检测技术具有现场安装简单、可维护性强的优势。3D 测量传感器无须复杂的光路设计，通常已被标定好，开箱即用。

任务实施

3D 视觉检测系统设置与建模

（1）工单（见表3-6）

表3-6 工单

公司			编号	
使用 3D 视觉检测系统识别待检物品并建模工作任务单				
申请部门：生产车间				申请日期：
实施名称	使用 3D 视觉检测系统识别待检物品并建模		要求完工日期	
实施背景	A 公司引进了 3D 视觉检测系统，小庞作为公司设备管理部门的工程师，需要在主动学习与调研之后，实施 3D 视觉检测系统设置与建模			
	工作流程			辅助工具	
1	打开系统，连接 3D 摄像头			计算机	
2	图像输出			待检物品	
3	调整图像清晰度			计算机	
4	检测精度			计算机	
5	进一步完成待检物品检测操作			计算机	
6	建模			计算机	
实施要求	严格按系统步骤操作			
实施参考	S1：RGBD 信息采集　　S2：目标检测+3D 定位　　S3：坐标转换+运动控制　　深度学习+3D 姿态估计　　手眼协同			
申请人			主管	
检验结果	□合格　　　□需返修　　　□报废 具体说明：			
实施人			验收人	
完工日期			验收日期	

（2）实施过程

❶ 打开 TransServer 软件和 SmartVision 软件，如图 3-42 所示。

❷ 单击"建立通讯"，将 3D 视觉相机连接转发服务器，显示"成功连接转发服务器"，如图 3-43 所示。

图 3-42　软件图标

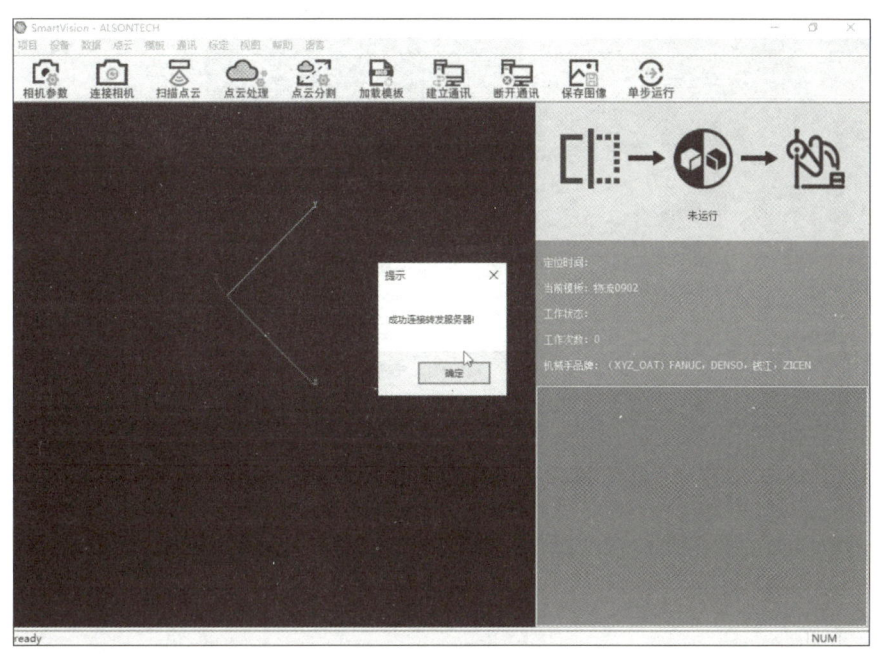

图 3-43　连接转发服务器

❸ 单击"连接相机"，显示"光栅传感器连接成功"，如图 3-44 所示。

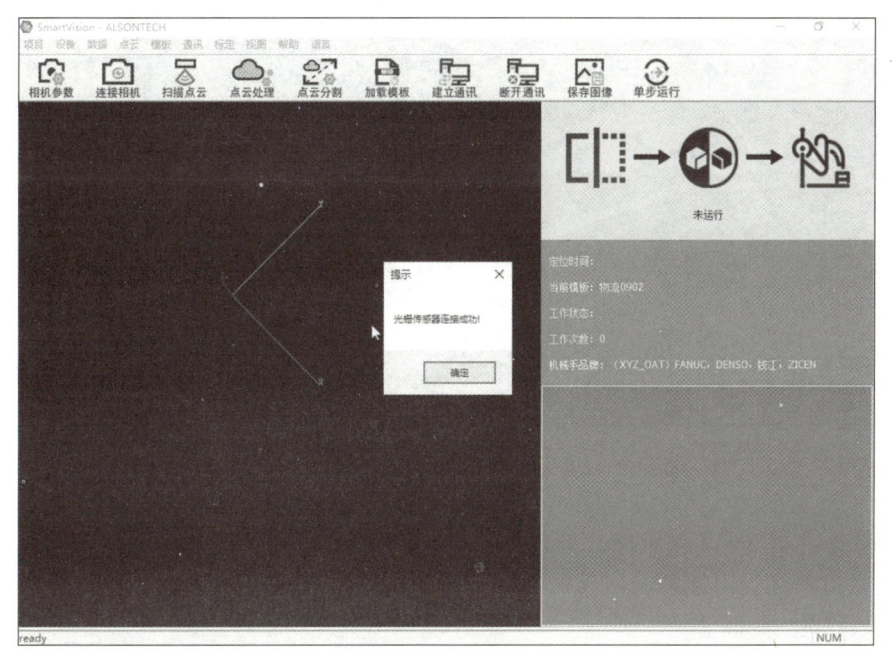

图 3-44　连接相机

智能仓储设备运行与维护

4 相机连接完成。单击"视图",选择"图像窗口",如图 3-45 所示。

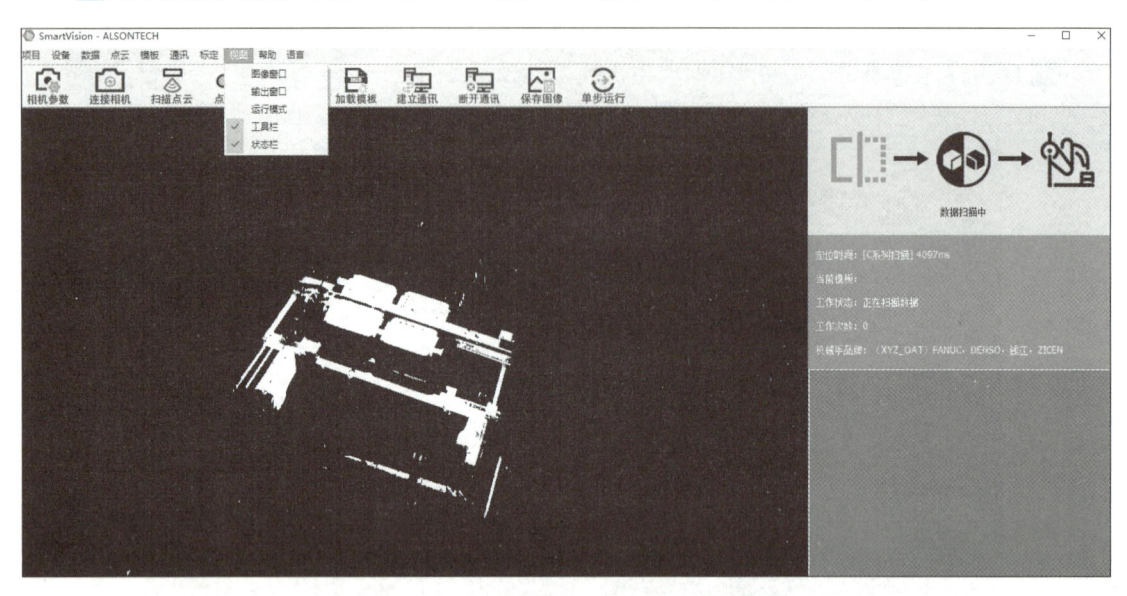

图 3-45 选择"图像窗口"

5 输出窗口为图像窗口,查阅图像成像效果,如图 3-46 所示。

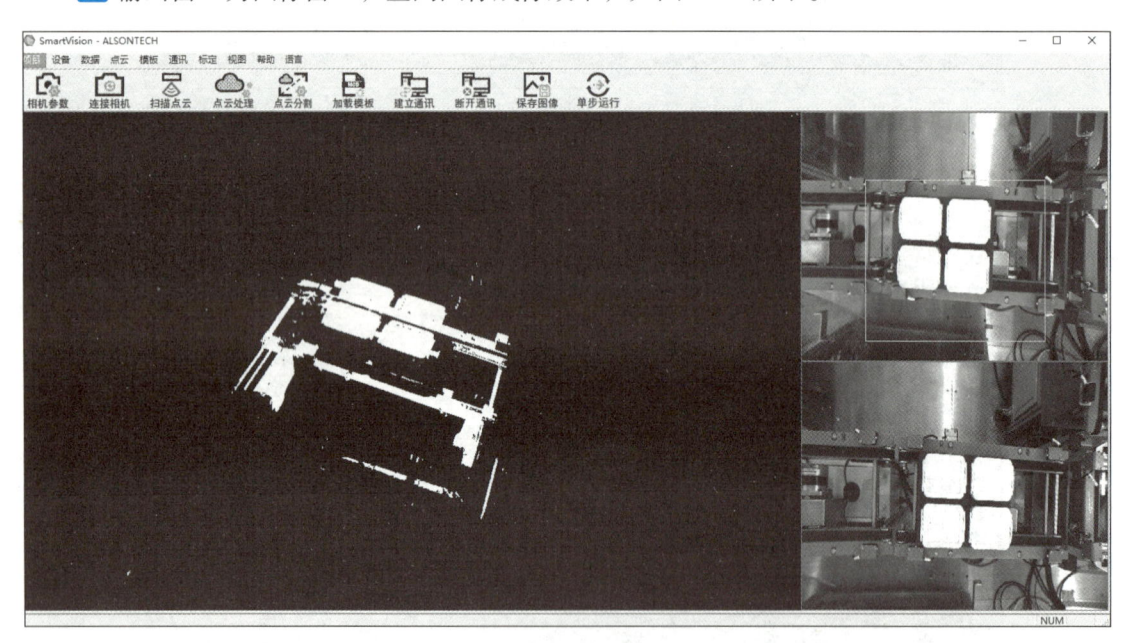

图 3-46 图像窗口

6 摄像头输出图像不够清晰,通过参数设置修改图像清晰度,如图 3-47 所示。

7 图像清晰后,可以把标定板放在摄像头下,检验精度,从图像中可清晰看到标定板上的定位点,如图 3-48 所示。

068

项目 3　智能仓储中的信息化技术及应用

图 3-47　参数设置界面

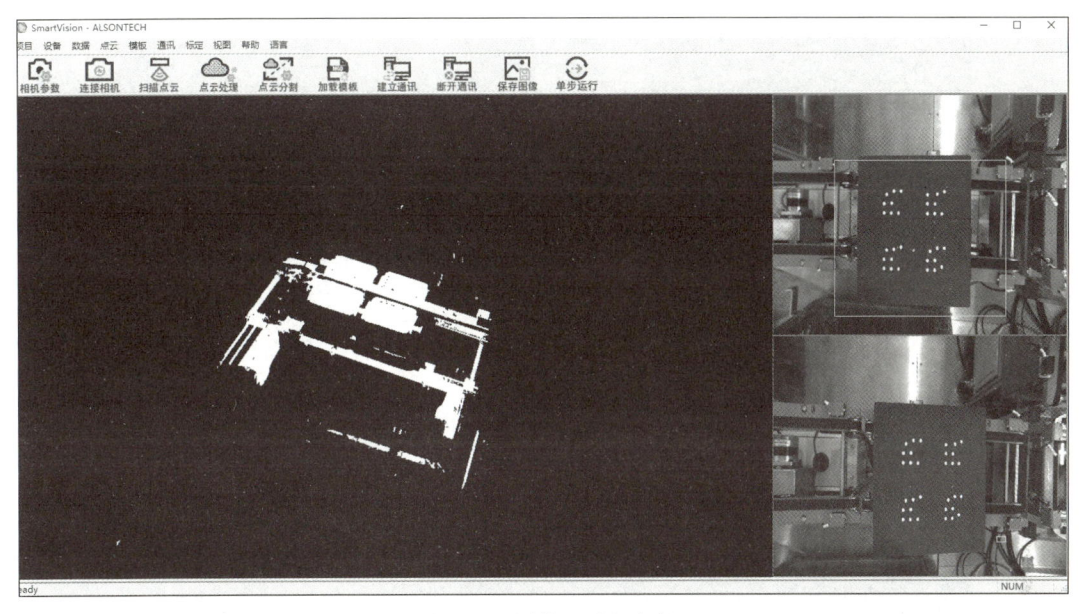

图 3-48　图像显示标定板

8 单击"检验精度",结果如图 3-49 所示。如果精度不够,要重新进行摄像头定位操作。

图 3-49　系统提示窗口

9 3D 视觉建模操作。将物品放置在摄像头下进行识别。单击"扫描点云",获取物体的 3D 图像,如图 3-50 所示。

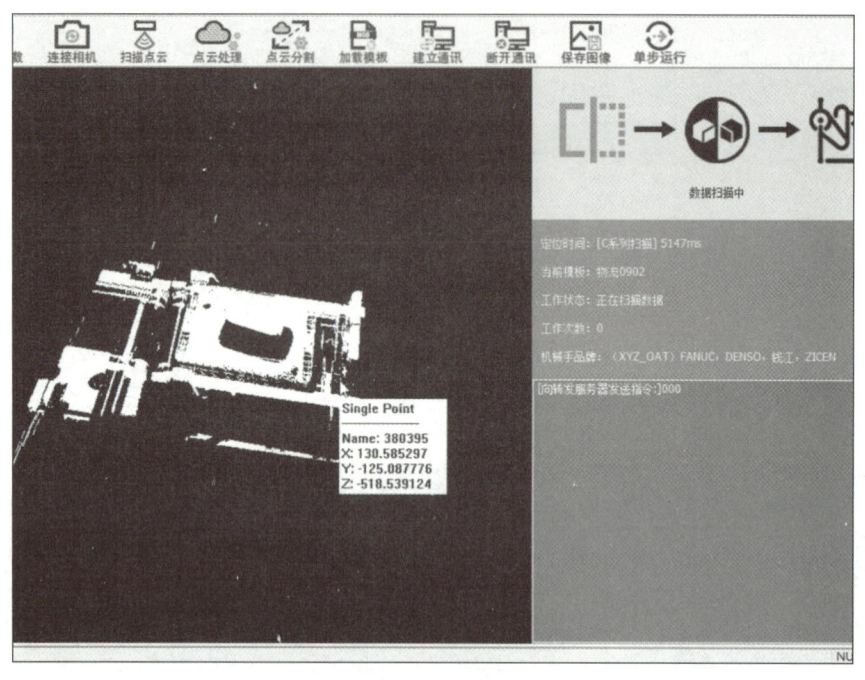

图 3-50 获取物体的 3D 图像

10 单击"点云项目",先后分别单击点云采样、范围过滤、半径去噪、统计去噪、地面过滤按钮。利用键盘上的 Delete 键,将顶端面多余的部分删除,得到一个完整的被扫描物体,如图 3-51 所示。

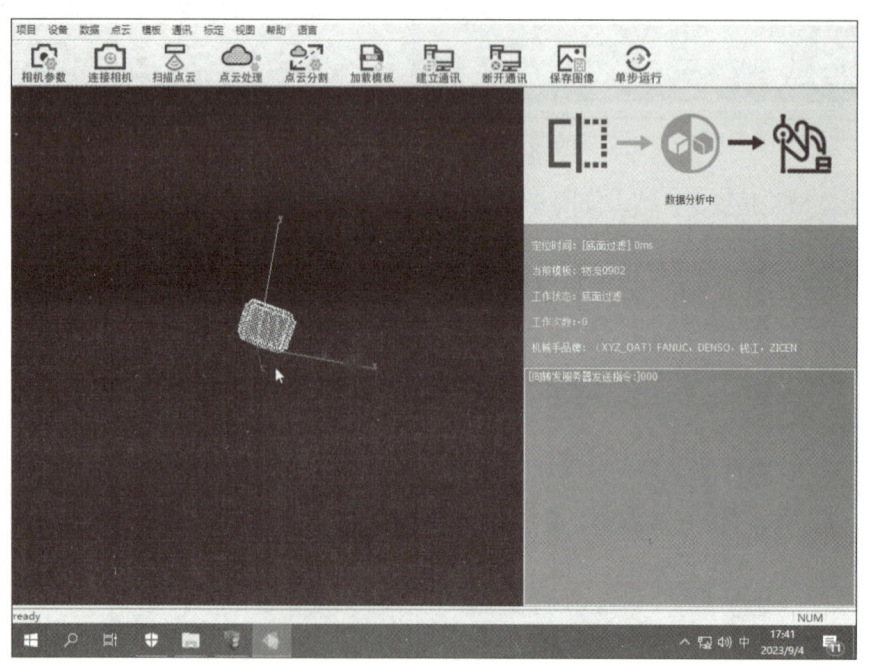

图 3-51 建立模型

项目 3　智能仓储中的信息化技术及应用

11 当干扰项排除后，单击"通讯"项目中的"点云建模"，再单击"通讯"项目中的点云建模保存模板，填写模板名称后单击"确定"，显示模板保存完成，至此 3D 视觉的建模就完成了，如图 3-52 所示。

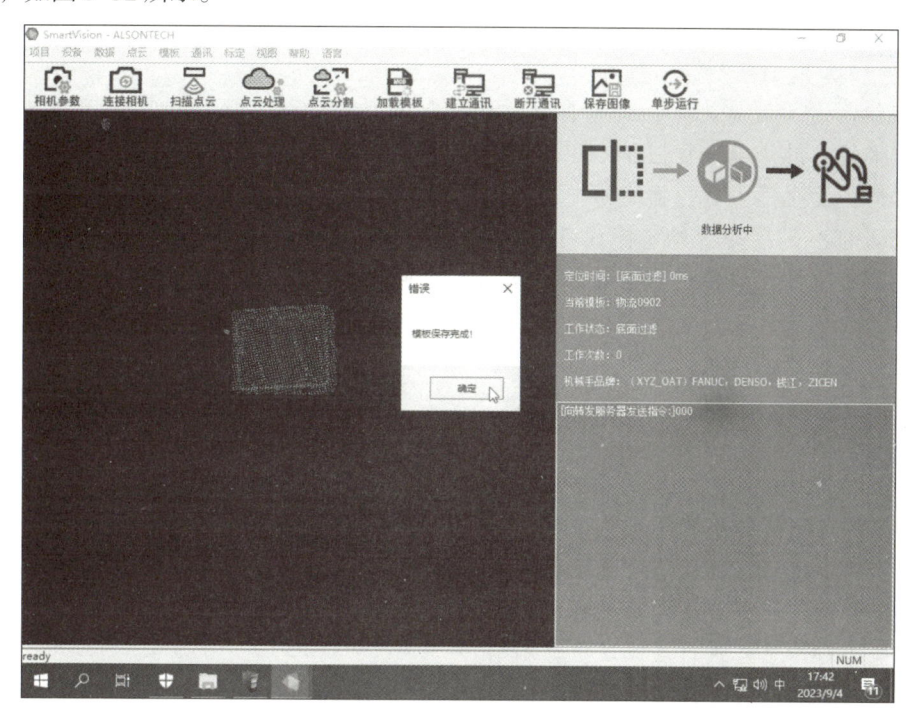

图 3-52　建模完成

任务评价

任务评价表见表 3-7。

表 3-7　任务评价表

阶段	序号	评分标准	配分	自评	教师评价
职业素养	1	积极参与团队任务，分工明确，团队协作高效	10		
	2	责任心强，勇于承担责任，不推卸问题和责任，对执行结果负责	10		
	3	任务完成后主动按照实训室要求对系统进行保存并恢复	10		
知识技能掌握	1	能说出 3D 视觉检测技术基本原理	10		
	2	能说出 3D 视觉检测技术的优势	10		
	3	能使用 3D 视觉检测系统与设备识别待检物品	20		
实训成果	1	能够按时完成任务	10		
	2	能够清晰陈述 3D 视觉检测技术识别待检物品的操作过程	10		
	3	能够按要求完成课堂评价	10		
合计					

任务 4　传感器技术及应用

任务描述

在智能制造、智慧工厂、仓储自动化的发展趋势下，传感器的应用范围越来越广泛，传感器技术的发展使得货物扫描、货品识别、货物搬运、运输分拣等环节更加精准高效，传感器技术的普及应用为智能物流的发展起到了巨大的作用。

某公司新引进一套智能仓储设备，其中就包含各种类型的传感器。设备运行一段时间之后，输送线上的某些传感器信号触发时机有所偏差。为保证仓库与作业安全，入/出库作业前设备管理员小凯在对仓储设备传感器位置及功能了解的基础上，要对各单元模块尤其是输送线进行综合测试与运行操作。

任务目标

- 了解典型的传感器技术概念。
- 了解传感器在自动化物流设备中的应用。
- 能够识别典型智能仓储设备中的传感器位置及作用。
- 能够对传感器进行点检及位置调整。

任务准备

- 教学场地：实训室。
- 软件系统：BTB 智能仓储设备。
- 工具辅件：内六角扳手、托盘。
- 准备操作：实训指导教师需要确保托盘的纸质标签粘贴到位。

任务分析

此任务以传感器认知、应用为主要内容。任务需要实施者对传感器概念有一定的了解，并具备一定的电气调试技能。任务实施过程中需要实施者进行生产场景中的传感器点检与调试，较为考验实施者的现场调试技能。

在物联网中，传感器主要负责接收物品"讲话"的内容。传感器技术是从自然信源获取信息并对获取的信息进行处理、转换、识别的一门多学科交叉的现代科学与工程技术，它涉及传感器、信息处理和识别的规划设计、开发、制造、测试、应用及评价改进活动等内容。因此学习传感器尤为重要。

课时安排

建议学时共 4 学时，其中相关知识学习建议 2 学时；学员练习建议 2 学时。

知识储备

> **素养案例**
>
> 随着近年来云计算、人工智能、大数据等技术在国内逐渐成熟落地,传感技术自主可控成为不可逆转的趋势。
>
> 海伯森技术(深圳)有限公司是国产高端工业传感器一线企业,在创始人的带领下,一直深耕先进传感技术研发,不断丰富产品线,在光学精密测量、工业2D/3D检测、机器人精密力控等领域已经形成了成熟的产品矩阵。目前,国内涌现一批像海伯森一样的智能传感器高新技术企业,他们不断突破关键核心技术,攻克"卡脖子"难题,为我国深入实施制造强国战略,加快推进制造业转型升级,交出精彩的答卷!

1. 传感器技术的概念

物联网终端就是由各种传感器组成的,用来感知环境中的可用信号。传感器是一种检测装置,能感受到被测量的信息,并能将检测到的信息按一定规律转换成为电信号或其他所需形式的信息输出,以满足信息的传输、处理、存储、显示、记录和控制等要求。它是实现自动检测和自动控制的首要环节。

在我们生活的周围,各种各样的传感器已经得到广泛使用,如电冰箱、微波炉、空调机装有温度传感器;电视机装有红外传感器;录像机装有湿度传感器、光电传感器;汽车装有速度、压力、湿度、流量、氧气等多种传感器。这些传感器的共同特点是利用各种物理、化学、生物效应等实现对被检测量的测量。

2. 传感器在自动化物流设备中的应用

堆垛机、AGV、输送机和分拣机中有丰富的传感器产品,其中光电传感器、RFID设备、电感式接近开关在各物流设备中使用占比较高。

(1)堆垛机。堆垛机应用在立体仓库中,主要用途是在立体仓库的巷道间来回穿梭运行。将位于巷道口的货物存入货格或将货格中的货物取出运送到巷道口。堆垛机传感器应用详情见表3-8。

表3-8 堆垛机传感器应用详情

传感器种类	应用数量	传感器使用功能
光电传感器	2～8个	堆垛上货监视、货架占用情况监测、货物凸出监视
电感式接近开关	1～8个	保障堆垛机安全
激光测距仪	2～8个	堆垛机水平方向距离测量及堆垛距离测量
区域扫描仪	1～6个	巷道货物掉落监测、堆垛机推盘损坏检测
限位开关	1～8个	移动终端位置检测。若驶过终端位置,立即停止驱动装置
测量光幕	1～4个	堆垛上货监视、货架占用情况监测、货物凸出监视
安全光幕	1～2个	防止堆垛机工作时工作人员误入,保护人员安全
RFID设备	1～2个	堆垛机自寻轨道,空间定位,货物抓取识别

(2)AGV。自动导引车(Automated Guided Vehicle,AGV)应用在智能搬运系统中,主

要用途是沿规定的路径行驶，实现各种物料搬运的功能。AGV 传感器应用详情见表 3-9。

表 3-9　AGV 传感器应用详情

传感器种类	应用数量	传感器使用功能
光电传感器	2～8 个	监测货物有无以及货物稳定性、车的方位等
电感式接近开关	2～8 个	监测有无物体遮挡 AGV 及 AGV 是否偏离轨迹
激光测距仪	2～6 个	保障 AGV 与 AGV 的安全距离，对叉车及负载进行定位
区域扫描仪	1～4 个	AGV 到达危险区域或有障碍物阻挡时，及时减速或停止
限位开关	1～4 个	保障 AGV 装货、卸货的安全性
测量光幕	1～2 个	测量货物的尺寸
安全光幕	1～2 个	保护工作人员安全
RFID 设备	1 个	识别 AGV 地标，在各种关键节点对 AGV 实现控制 实现 AGV 托盘对货物抓取的识别

（3）输送机。输送机应用在智能搬运系统中，主要用途是在一定线路上连续输送物料，输送机的应用大大降低了人工成本，同时提高了工作效率。输送机传感器应用详情见表 3-10。

表 3-10　输送机传感器应用详情

传感器种类	应用数量	传感器使用功能
光电传感器	2～8 个	检测输送线上物品颜色、有无倾斜等
电感式接近开关	2～8 个	传送带上物料检测
激光测距仪	1～8 个	保障货物安全距离、输送带上货物高度测量
区域扫描仪	1～4 个	保障工作人员安全
限位开关	1～8 个	物料检测，防止皮带上物流堵塞
测量光幕	1～4 个	货物检测
安全光幕	1～4 个	在自动化输送机台附近保护操作人员的安全
RFID 设备	1～2 个	在输送带上阅读输送产品的电子标签

（4）分拣机。分拣机应用在自动分拣系统中，主要用途为自动分拣货物，节省人力。分拣机传感器应用详情见表 3-11。

表 3-11　分拣机传感器应用详情

传感器种类	应用数量	传感器使用功能
光电传感器	2～8 个	检测分拣线上集装箱内的物料是否凸出
电感式接近开关	2～8 个	分拣线上的物料监测
激光测距仪	1～8 个	保障货物安全距离、分拣线上货物高度测量
区域扫描仪	1～4 个	危险点的保护，防止人员进入危险区域造成不必要停机
限位开关	1～8 个	分拣线物料检测，保障物料正确放置
测量光幕	1～4 个	测量货物长、宽，主要由快递公司测量物料体积进而收费
安全光幕	1～4 个	保护工作人员的安全
RFID 设备	1～2 个	对分拣线上的货物芯片进行识别，实现准确分拣

3. 光电传感器

光电传感器是一种利用光电效应来检测物理量（光强、距离、位置或其他光电特性等）的设备。其工作原理通常基于光的发射和检测。当被测物体影响传感器的光路径时，传感器便能检测到这种变化并产生相应的电信号。

（1）对射型光电开关。如图 3-53 所示的对射型光电开关由一个发射器和一个独立的接收器组成。发射器发出光束（通常是红外光），直接对准接收器。当物体穿过这个光束时，光线被阻断，接收器检测到这种中断并输出信号。对射型光电开关适用于精确检测透明或不透明物体的存在，常用于工业自动化、包装线、门控制系统等领域。

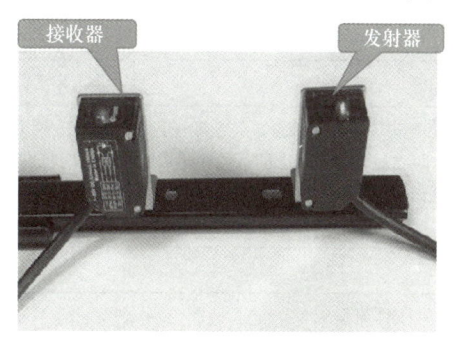

图 3-53 对射型光电开关

（2）漫反射光电开关。如图 3-54 所示的漫反射光电开关将发射器和接收器集成在同一个单元。它发射光线（通常是可见光或红外光），光线撞击物体后被反射回传感器的接收器。传感器检测反射光的强度来确定物体的存在和位置。漫反射光电开关适用于检测表面和颜色的物体，常用于物体计数、物料搬运、自动化装配线等场景。由于漫反射光电开关不依赖于物体和接收器之间的直接视线，因此非常灵活。

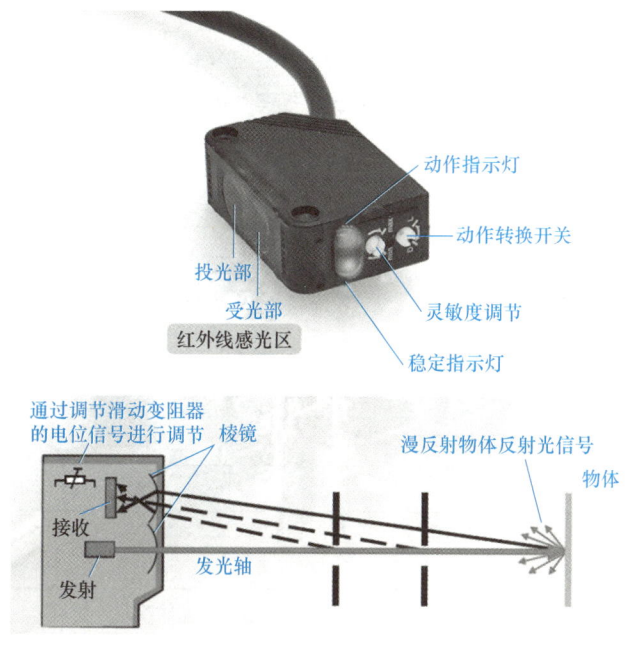

图 3-54 漫反射光电开关

任务实施

传感器的点检与调整

（1）工单（见表 3-12）

表 3-12　工单

公司			编号	
设备管理工作任务单				
申请部门：仓管部门				申请日期：
实施名称	传感器的点检与调整		要求完工日期	
实施背景	仓储设备是仓储业务的核心技术装置，是仓库进行生产作业或辅助生产作业所必需的各种机械设备的总称。设备运行一段时间之后，输送线上的某些传感器信号触发时机有所偏差。为保证仓库与作业安全，入/出库作业前设备管理员小凯要对各单元模块尤其是输送线进行严格的测试。此处将以托盘机为例，来对设备进行综合测试与运行操作			
辅件申请	托盘、内六角扳手			
	工作流程			辅助工具
1	开启智能仓储系统，在人机交互界面下进行单点控制			
2	手持托盘，在物料传输线上进行试运行			托盘
3	观测触摸屏上的传感器状态显示			
4	调整位置不当的传感器，或更换故障传感器			内六角扳手
实施要求	严格按照表中的信息进行定义			
实施参考	托盘机			
申请人			主管	
检验结果	□合格　　　　□需返修　　　□报废 具体说明：			
实施人			验收人	
完工日期			验收日期	

（2）实施过程。

❶ 调整运行模式。利用触摸屏设备测试托盘机的基本功能。系统需要在手动模式下，才能执行点动控制和反馈，如图 3-55 所示。

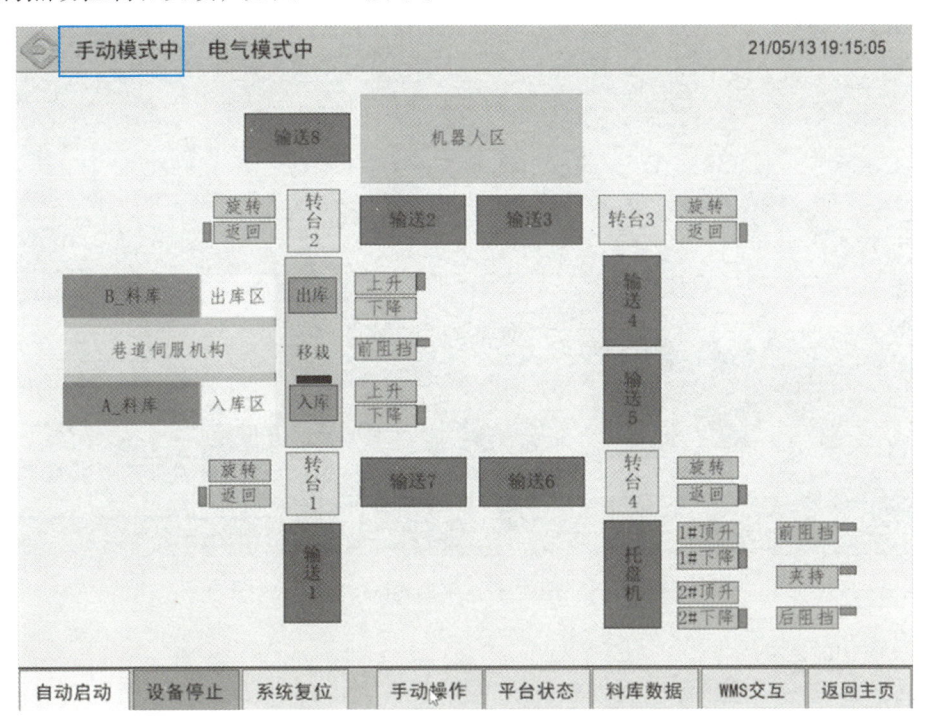

图 3-55　调整运行模式

❷ 控制功能调试。

① 电动测试。点击"托盘机"，结果如图 3-56 所示，观察托盘机单元的传送带是否能够正常运转。

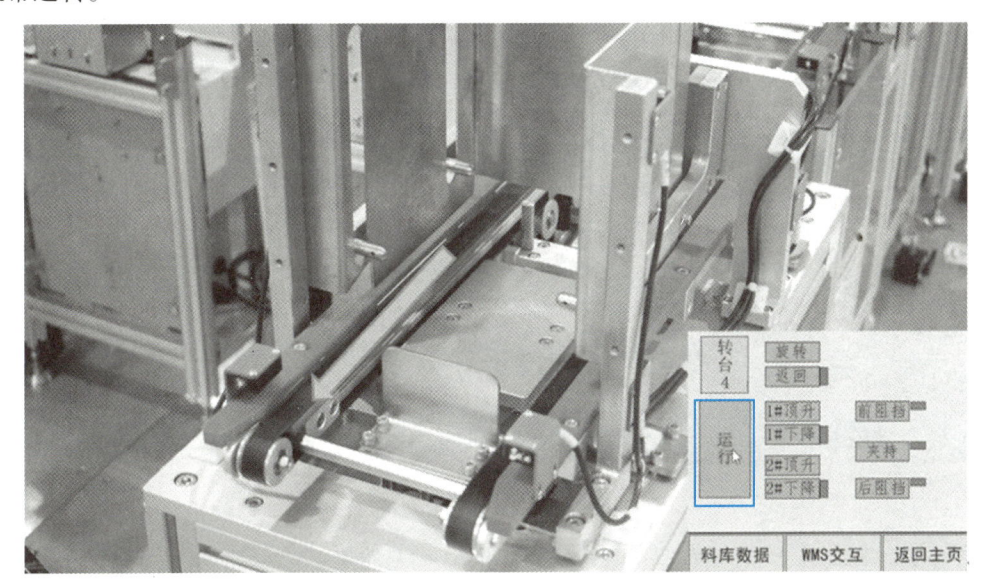

图 3-56　电动测试

② 气动测试。点击触摸屏上的"顶升"和"下降"功能，如图 3-57 所示，观测各气缸的动作和速度是否正常。

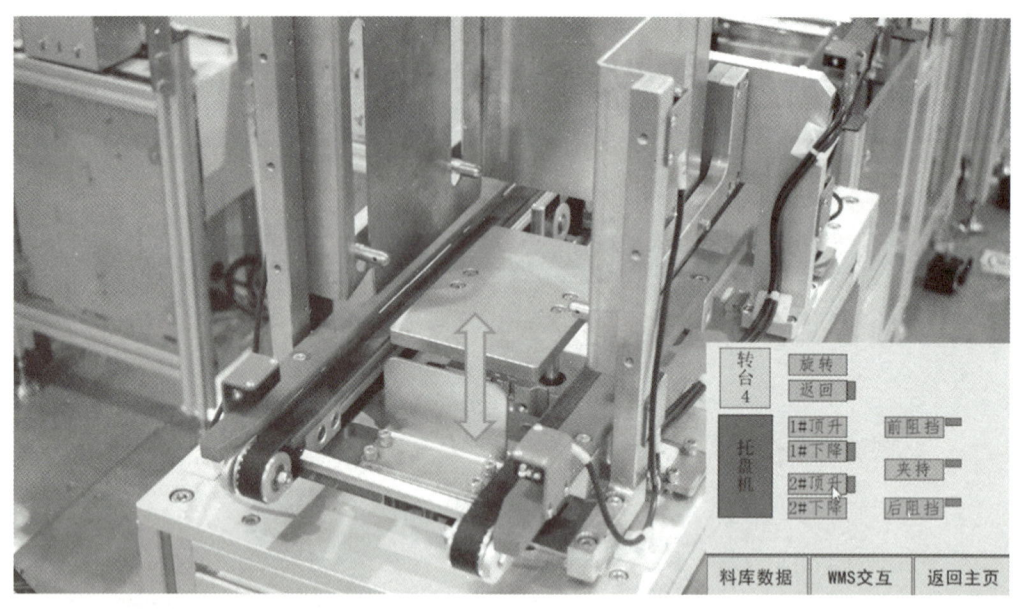

图 3-57　气动测试

3 反馈功能测试。

① 传感器的检测信号可以反馈并显示在触摸屏上。将托盘放在托盘机的对应位置，确认传感器可以检测到该物品，如图 3-58 所示。

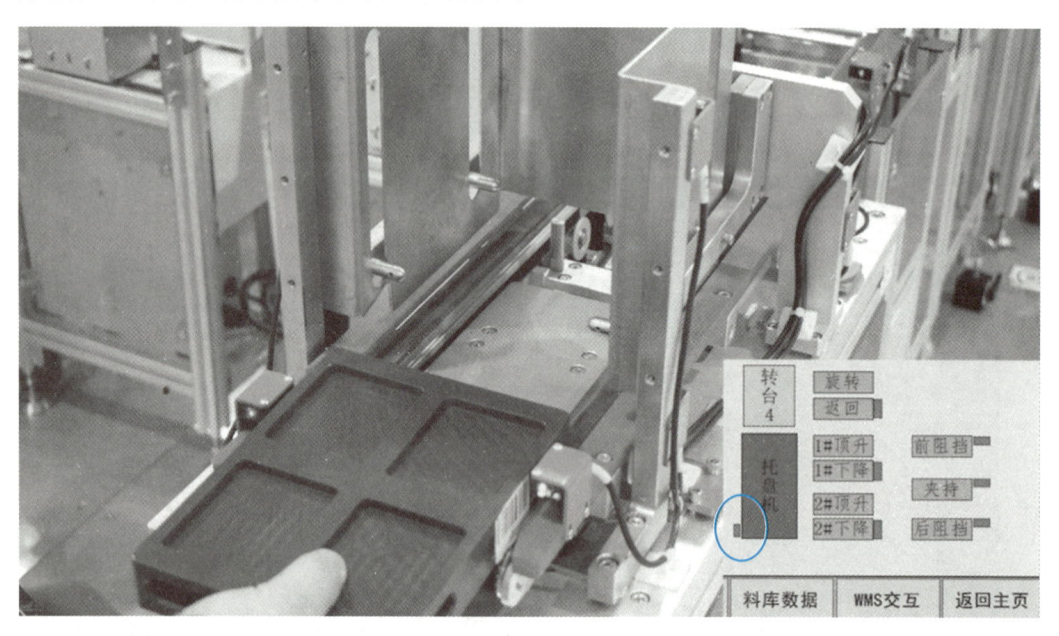

图 3-58　反馈功能测试

② 查看触摸屏上对应传感器的信号是否有所显示。如果上述功能如图 3-59 所示的这样，那么托盘机的功能测试无故障。

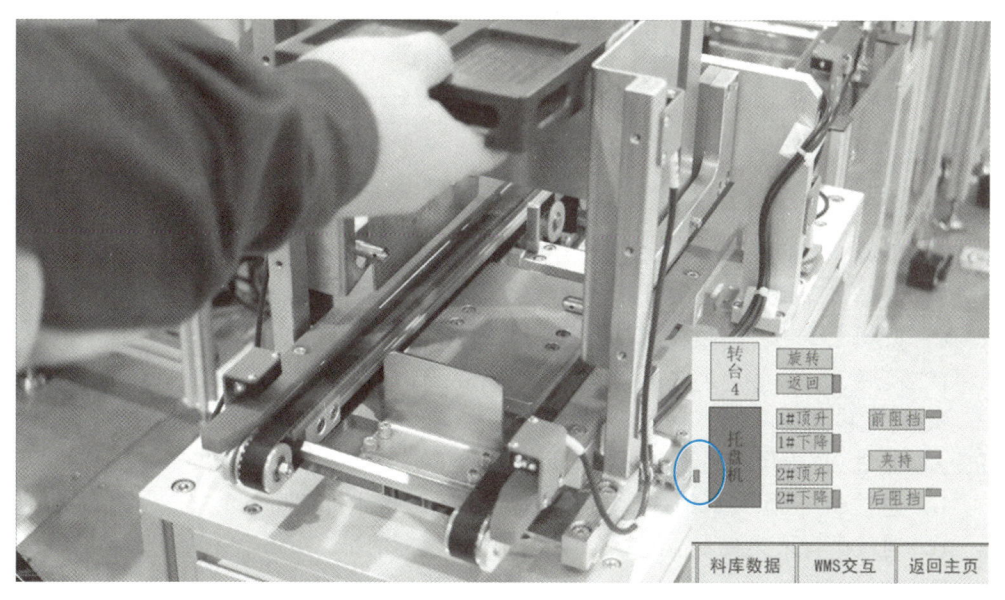

图 3-59 测试成功

4 如果托盘运动至某一特定位置，并未触发对应传感器产生信号，则可能有两种情况：传感器安装位置有误或传感器有故障。针对此两种情况，需要做以下处理：

① 传感器位置有误的处理方式：先将托盘手动放置在输送线对应的检测位。松开固定螺钉，调整传感器的前后位置，注意观察人机交互界面中该传感器的信号变化。传感器应放置在信号变化的临界位置。

② 传感器故障的处理方式：拆除原故障传感器，更换新的传感器。位置确定方式参考"传感器位置有误"处理方式。

任务评价

任务评价表见表 3-13。

表 3-13 任务评价表

阶段	序号	评分标准	配分	自评	教师评价
职业素养	1	积极参与团队任务，分工明确，团队协作高效	10		
	2	责任心强，勇于承担责任，不推卸问题和责任，对执行结果负责	10		
	3	任务完成后主动按照实训室要求对系统进行保存并恢复	10		
知识技能掌握	1	明确工作任务，理解传感器在物流设备中的应用	10		
	2	掌握传感器的概念	10		
	3	了解光电传感器在智能仓储各个部分的作用	10		
实训成果	1	能够完成点检任务与调整	20		
	2	能够掌握传感器的点检方法	10		
	3	能够处理点检过程中遇到的故障	10		
合计					

项目评测

一、选择题

1. 射频识别技术根据工作频率的不同可以分为（　　　）。
   A．低频、高频、超高频和极高频/微波
   B．低频、高频、超高频和蓝牙
   C．低频、中频、高频和超高频
   D．高频、超高频、超高频/微波和毫米波
2. 3D 视觉检测技术（　　　）。
   A．通过 2D 摄像头采集视野空间每个点位的三维坐标信息
   B．通过 3D 摄像头采集视野空间每个点位的三维坐标信息
   C．通过声音采集视野空间每个点位的三维坐标信息
   D．通过红外线采集视野空间每个点位的三维坐标信息

二、填空题

1. _____、_____和_____是一维条码识别的主要特征。
2. 射频识别（RFID）系统的硬件主要由_____、_____和_____三部分组成。

三、判断题

1. 一维条码所携带的信息量有限，更多的信息只能依赖商品数据库的支持。（　　　）
2. 电子标签是一种检测装置，能感受到被测量的信息。（　　　）

四、简答题

1. 简述射频识别（RFID）技术在物流领域的应用。
2. 简述 3D 视觉检测技术的原理。

项目 4

自动化仓库设计及运维

项目导言

在当今快速发展的商业环境中，企业对更高效、更可靠的仓库需求日益迫切。自动化仓库系统以其提高运营效率、降低成本、减少错误率以及提升生产力的特点备受关注。然而，随着企业采用自动化仓库，对其维护保养的需求也变得同样重要。因此，本项目旨在设计和实施一套高效的自动化仓库系统，并提供全面的日常维护指导，以满足行业的迫切需求。

工作任务

```
项目4  自动化仓库设计及运维
├── 任务1  自动化立库规划与设计
└── 任务2  自动化立库的日常维保
```

任务1　自动化立库规划与设计

任务描述

企业现代化生产规模的不断扩大和深化，使得仓库成为物流系统中的一个重要且不可缺少的环节。自动化立体仓库正以它较小的占地面积、较高的空间利用率和物品存取效率，逐步代替面积大、利用率低且陈旧落后的平面仓库，这种替代促使仓储物流业的水平得到有效的提高。

某物流公司为了提升物品存取效率，决定结合企业自身情况，通过调研、计算、规划等手段，确定自动化立体仓库的主要相关参数，然后交付给相关的制造商进行设计制造。

任务目标

- 了解自动化立体仓库的定义、分类和组成部分。
- 了解自动化仓库布置与规划原则。
- 掌握自动化立库应用参数。
- 能够针对立体库进行数据测量与设计。

任务准备

- 教学场地：设备实训室。
- 软件系统：BTB智能仓储设备——立体库模块。
- 工具辅件：卷尺。
- 准备操作：自动化立库、托盘、料箱。

任务分析

本任务通过调研以及规划，从企业自身情况出发，一方面明确企业的实际需求，另一方面要根据该需求逐步确定立体库的基本参数，与相关的仓库设计人员对接实施。任务实施者需要将自身定位成为仓库规划经理，而非纯粹的机械设计人员，因此要保证在了解布置以及规划原则的基础上，再对了解的仓储需求及规划的设计参数进行整理，便于后续交接。

课时安排

建议学时共4学时，其中相关知识学习建议2学时；学员练习建议2学时。

项目 4　自动化仓库设计及运维

知识储备

> **素养案例**
>
> ××汽车零部件仓库的自动化、立体化设计和先进的技术设备，充分发挥了科技在仓储管理和物流运作中的作用。通过自动化存储系统、机器人协作和智能控制系统的应用，实现了零部件的高效存储、快速供应和准确分拣。零部件仓库的建设一方面体现了科技兴国的重要理念和实践。国家一直致力于推动科技创新，鼓励企业加大研发投入，培育创新能力。另一方面，彰显中国科技创新的努力，展示了中国企业积极应用科技创新，提升产品和服务质量，推动中国汽车产业发展。

1. 自动化立库的概念

自动化立体仓库主要是指基于高层货架和巷道堆垛机进行自动存取的立体仓库，所以又称为自动存取系统（Automated Storage and Retrieval System，AS/RS），它是由高层货架、巷道堆垛机、出入库输送系统、自动化控制系统、计算机管理系统及周边设备组成，可以对集装单元货物实现自动化保管和计算机管理的仓库。

自动化立体仓库一般采用几层、十几层乃至几十层高的货架储存单元货物，用相应的物料搬运设备进行货物入库和出库作业。由于这类仓库能充分利用空间储存货物，故常形象地将其称为"立体仓库"，自动化立体仓库如图 4-1 所示。

图 4-1　自动化立体仓库

2. 自动化立库布置与规划原则

（1）最小移动距离原则。保持仓库内各项操作之间具有最经济的距离。物料和人员流动距离能省则省，尽量缩短，以节省物流时间，降低物流费用。

（2）直线前进原则。要求设备安排、操作流程应能使物料搬运和储存按自然顺序逐步进行，避免迂回和倒流。

（3）充分利用空间、场地的原则。自动化立体仓库的设计目的之一是实现最大化的储存密度，以便在有限的空间内存储更多的货物。因此，在设计仓库时需要考虑货物大小和形状，并合理配置货架高度和存储区域。合理的储存密度不仅可以节约储存空间，还可以提高操作效率和减少人力成本。

（4）生产力均衡原则。维持各种设备、各工作站的均衡，使全库都能维持一个合理的速度运行，各个环节的生产节拍能够协调运行。

（5）适宜库内运输原则。库内运输路线必须保持通畅，应设有专供搬运物料或人员行走的通道。

（6）最佳流程原则。保持生产过程顺利进行，无阻滞。

（7）保持"再布置"的弹性原则。要便于在必要时能对设备做适当的重新安排，保持一定的空间以利于设备的技术改造和工艺的重新布置，以及一定的维护空间。

（8）整体性原则。凡是对物流路线及设备布置有影响的因素都要综合考虑。

（9）安全性原则。立库规划应将操作人员的安全放在首位，在设计货架时需根据所存储的货物重量和体积设计层数和层高，重泡货区别存放于不同层高。

3. 自动化立体仓库的分类

（1）按货物存取形式分类。

1）拣选货架式。拣选货架式的分拣机构是其核心部分，分为巷道内分拣和巷道外分拣两种方式。"人到货前拣选"是拣选人员乘拣选式堆垛机到货格前，从货格中拣选所需数量的货物出库。"货到人处拣选"是将存有所需货物的托盘或货箱由堆垛机送至拣选区，拣选人员按提货单的要求拣出所需货物，再将剩余的货物送回原地。

2）单元货架式。单元货架式是常见的仓库形式。货物先放在托盘或集装箱内，再装入单元货架的货位上。

3）移动货架式。移动货架式由电动货架组成，货架可以在轨道上行走，由控制装置控制货架合拢和分离。作业时货架分开，在巷道中可进行作业；不作业时可将货架合拢，只留一条作业巷道，从而提高空间的利用率。

（2）按自动化程度分类。

1）半自动化立体仓库。半自动化立体仓库是指货物的存取和搬运过程一部分是由人工操作机械来完成的，一部分是自动控制完成的。

2）自动化立体仓库。自动化立体仓库是指货物的存取和搬运过程是自动控制完成的。

4. 自动化立体仓库的构成

自动化立体仓库主要由货物储存系统、货物存取和输送系统、管理和控制系统组成，还有与之配套的建筑设施、供电系统、空调系统、消防报警系统、称重计量系统、信息通信系统等土建工程和辅助设施。

（1）货物存储系统。货物存储系统由立体货架和货格组成。

1）货架。自动化立体仓库多使用高层货架，如图 4-2 所示。货架按材料分为钢货架和混凝土货架两种；按货架承载能力大小分为重型货架、中型货架以及轻型货架。一般自动化立体仓库的高度在 15~21m，货架的长度与一台堆垛机在一条通道中所服务的货位数有关。

2）货格。货格是用于存放货物的位置，是货架的基本组成单元，如图 4-3 所示。货格的尺寸取决于货物单元与货架立柱、横梁之间的间隙大小，同时，在一定程度上也受到货架结构及其他因素的影响。

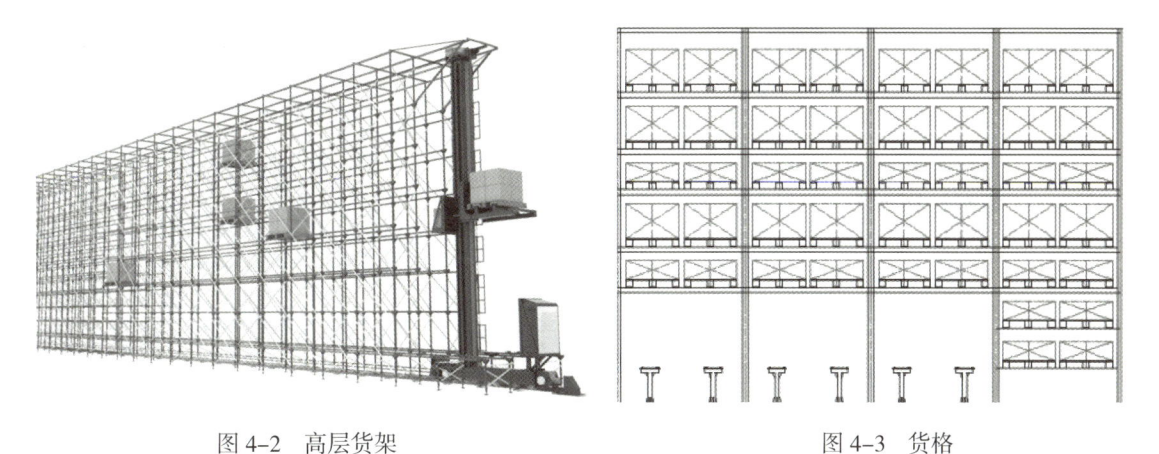

图 4-2　高层货架

图 4-3　货格

（2）货物存取和输送系统。货物存取和输送系统承担货物储存、出入仓库的功能，它主要由巷道式堆垛机、叉车、穿梭车、自动导引小车、输送机等组成。

1）巷道式堆垛机。巷道式堆垛机是由叉车、桥式堆垛机演变而来的一种机器设备，其结构如图 4-4 所示。它是自动化立体仓库进行高层货架货物存取的关键设备，通过运行机构、起升机构和货叉协调工作，完成货物在货架范围内的前后、纵向和横向的三维移动。

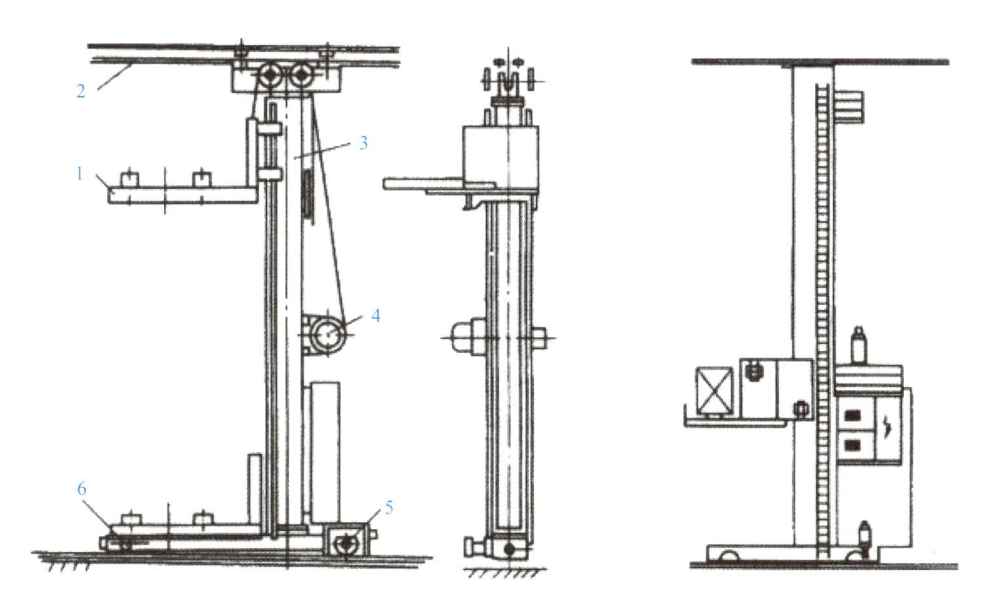

图 4-4　巷道式堆垛机的结构
1—载货台　2—上横梁　3—立柱　4—起升机构　5—运行机构　6—下横梁

2）叉车。叉车是工业搬运车辆，是指对成件托盘货物进行装卸、堆垛和短距离运输作业的各种轮式搬运车辆，如图 4-5 所示。叉车常用于仓储大型物件的运输，通常使用燃油机或者电池驱动。自动化立体仓库多使用智能叉车，通过激光导航以及多重传感器的部署，使得叉车可以自动感应识别货架上相应托盘的位置并精准作用。

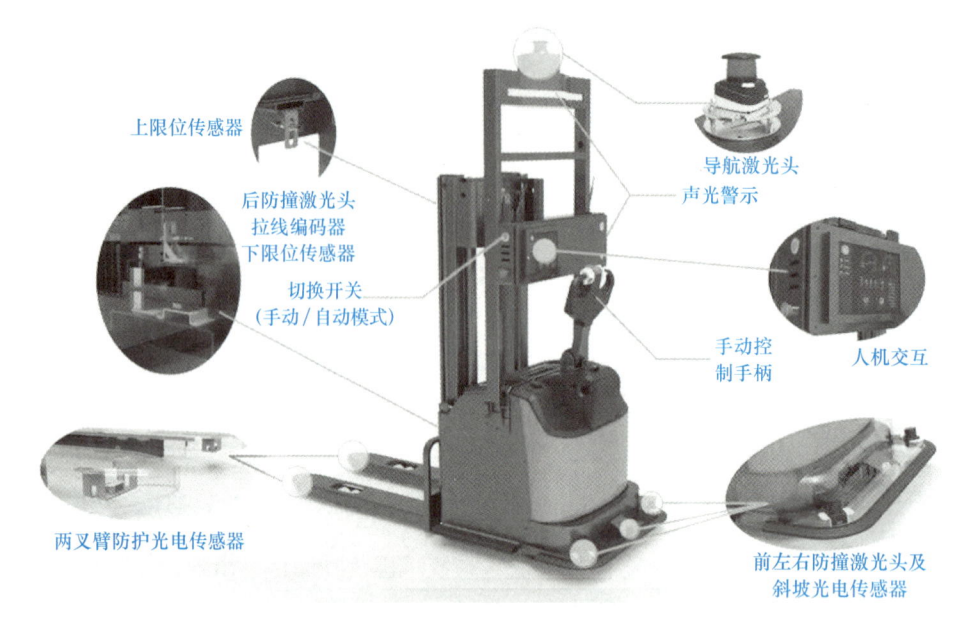

图 4-5 叉车

3)穿梭车。穿梭车在仓储物流设备中主要有两种系统形式:穿梭车式出入库系统和穿梭车式仓储系统。穿梭车以往复或者回环方式,在固定轨道上运行,将货物运送到指定地点或接驳设备。穿梭车配备有智能感应系统,能自动记忆原点位置,并配有自动减速系统,确保操作的安全性,如图4-6所示。

穿梭车无须人员操作,运行速度快,显著降低了仓库管理人员的工作量,提高劳动生产效率。

4)自动导引小车。自动导引车(Automated Guided Vehicle,AGV)是指具有磁条、轨道或者激光等自动导引设备,沿规划好的路径行驶,以电池为动力,并且装备安全保护以及各种辅助机构(例如移载、装配机构)的无人驾驶的自动化车辆,如图4-7所示。

多台AGV与控制计算机(控制台)、导航设备、充电设备以及周边附属设备组成AGV系统,其主要工作原理表现为在控制计算机的监控及任务调度下,AGV可以准确地按照规定的路径行走,到达任务指定位置后,完成一系列的作业任务,控制计算机可根据AGV自身电量决定是否到充电区进行自动充电。

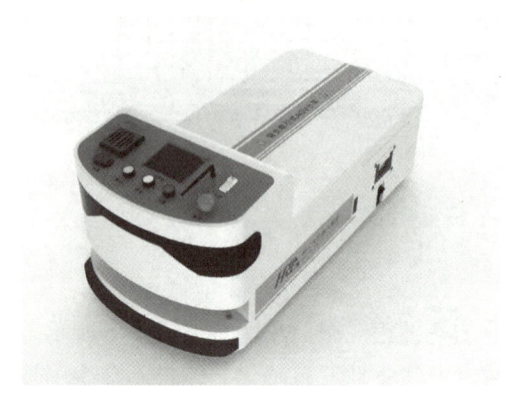

图 4-6 穿梭车   图 4-7 AGV 小车

5）输送机。输送机是以连续的方式沿着一定的路线从装货点到卸货点均匀输送货物和成件包装货物的机械设备，如图4-8所示。自动化立体仓库的输送机应用传感器、RFID等新技术，有智能识别货物信息的功能。

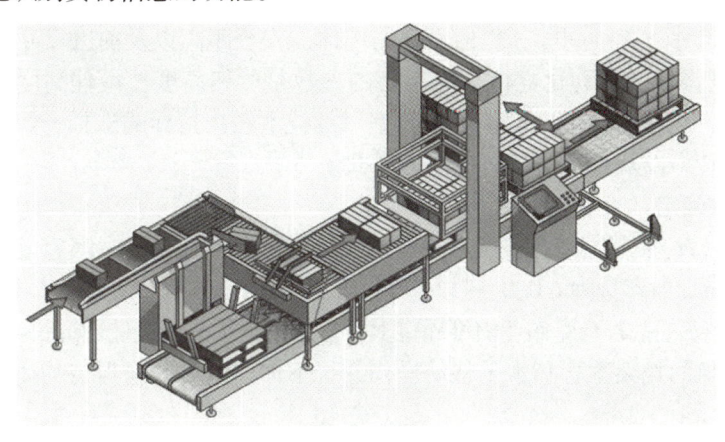

图4-8 输送机

（3）管理和控制系统。自动化立体仓库采用计算机进行管理和控制，包括仓储管理系统和仓储控制系统。

1）仓储管理系统。仓储管理系统（Warehouse Manage System，WMS）是一个实时的计算机软件系统，对信息、资源、行为、存货和分销运作进行更完美的管理。

2）仓储控制系统。仓储控制系统（Warehouse Control System，WCS）是介于仓储管理系统和底层PLC之间的一层管理控制系统。它沟通并协调计算机、堆垛机、出入库输送机等的联系，控制和监视整个自动化立体仓库的运行，并根据管理计算机或自动键盘的命令组织流程，以及监视现场设备运行情况和现场设备状态。

5. 自动化仓库应用参数

（1）仓库面积。

1）荷重计算法。

$$A = mQ/kq$$

式中，A指立体仓库所需面积（m^2）；k指立体仓库面积利用率，即存货面积与总面积之比；mQ指立体仓库货物的库存量（t）；q指立体仓库单位面积上的库存量（t/m^2）。

2）直接计算法。

$$A = A_1 + A_2 + A_3 + A_4$$

式中，A_1指货物有效存放面积（m^2）；A_2指入库验货场地面积（m^2）；A_3指出库发货场地面积（m^2）；A_4指通道面积（m^2）。

3）库存指标。

$$M = (EK/30)t$$

式中，M指最大库存量，按每月30天计算；E指立体仓库的月最大货物存取量（t）；K指设计最大入库百分数；t指货物在仓库中平均库存期（天）。

库存周转率是衡量物料在仓库里或是整条价值流中流动快慢的标准。

库存周转率＝年度销售产品成本／当年平均库存价值

（2）货架设计。由以下 4 个参数中的 3 个来确定货架尺寸。①仓库长度（或货架列数）；②仓库宽度（或巷道数）；③仓库高度（或货架层数）；④仓库容量（或总货位数）。货架尺寸是根据货格尺寸、库顶间隙、库内设施与墙体的安全距离以及前区尺寸确定的。

1）货架高度设计。自动化立体仓库主要的参数是货架高度，最佳高度直接影响占地面积、长度、宽度、起重运输机械设备装载效率以及技术经济指标的选择。影响货架高度的因素：储存量、周转率以及订货发送时的配套模式。

2）货架参数确定。

①货架高度（H）：货架最佳高度取决于容量，通常为 15～20m，当容量为 1 000～1 500t 时，高度为 12.6m；当容量为 6 000t 或以上时，高度为 16.2m。

②货架长度（L）：若仓库作业由堆垛机上、下货，则货架的最佳通道长度为 80～120m。为保证堆垛机的托架垂直和水平移动操作并行不悖，则 H/L 应保持均衡，一般推荐采用下列比值：$H/L=1/4 \sim 1/6$

3）货格尺寸及轨道尺寸。

$$货格尺寸＝装载单元货态尺寸+间隙尺寸$$

侧面间隙尺寸一般取 50～100mm。

垂直间隙尺寸应保证货叉叉取货物过程中微起升时不与上部构件发生干涉。

$$轨道尺寸＝装载单元货态尺寸+安全距离$$

6. 自动化仓库出入库能力计算

（1）循环作业时间。

1）平均单一作业循环时间。堆垛机从某一出入库站开始向所有货格进行入库作业循环（或出库作业循环）的平均时间。当货架为 m 列 n 层时，作业时间为

$$T_S = \frac{2\sum_{j=1}^{m}\sum_{k=1}^{n} t_{jk}}{mn} + 2t_f + t_i$$

式中，T_S 指平均单一循环作业时间（s）；t_{jk} 指从入库开始到 j 列 k 层单程移动时间（s）；t_f 指叉货时间，在出入库站或货格处货物移动时间（s）；t_i 指停机时间、控制延迟时间等（s）。

2）平均复合作业循环时间。入库作业后进行出库作业时的循环时间。当货架为 m 列 n 层时，作业时间为

$$T_d = \frac{2\sum_{j=1}^{m}\sum_{k=1}^{n} t_{jk}}{mn} + 4t_f + t_t + t_s + t_i$$

式中，T_d 指平均复合作业循环时间（s）；t_{jk} 指从入库开始到 j 列 k 层单程移动时间（s）；t_f 指叉货时间，在出入库站或货格处货物移动时间（s）；t_i 指停机时间、控制延迟时间等（s）；t_t 指平均货格移动时间，随机确定入库货格和出库货格，作适当次数货格移动求得所需时间的平均值（s）；t_s 指出入库站间移动时间（s）。

（2）出入库周期。堆垛机基本出入库能力用每小时入库或出库的存储单元数表示。

平均单一作业循环时间基准出入库能力计算公式为

$$N_s = 3\,600/T_s$$

平均复合作业循环时间基准出入库能力计算公式为

$$N_d = 3\,600/T_d$$

其中：N_s、N_d 为每小时入库或出库的存储单元数量。

出入库形式包括同端出入库、两端出入库、中间出入库。

任务实施

托盘式立体库的基本规划设计

（1）工单（见表4-1）

表4-1 工单

公司		编号	
规划设计任务单			
申请部门：仓管部门			申请日期：
实施名称	托盘式立体库的基本规划设计	要求完工日期	
实施背景	某物流公司为了提升物品存取效率，决定根据企业自身情况，规划并设计托盘式立体库外形尺寸、货位数等基本参数，便于后续立体库的设计与制造		
辅件申请	卷尺、秒表		
	工作流程		辅助工具
1	计算该模拟仓库能够设定多少层货格		
2	计算该模拟仓库中每一排自动化立体库能够设定多少列货格		
3	计算该模拟仓库中能设定多少组自动化立体库		
4	计算最大库存量		
5	计算自动化仓库每日标准最大出入库量		
实施要求	严格按照步骤对数据进行测量		
实施参考	立体库规划		
申请人		主管	
检验结果	□合格　　　　□需返修　　　　□报废　　具体说明：		
实施人		验收人	
完工日期		验收日期	

（2）实施过程

模拟仓库面积为 50m²（10m×5m），高度为 3m。我们要为这个模拟仓库设计一个自动化立体库系统。根据以下步骤，我们通过详细测量与计算能够设计出一个自动化立体库系统（注意：除特殊标注外，其余立体库尺寸不可通过直接测量实训设备得出结果）。每一步都详细描述了所需的计算方法和考虑因素，从确定托盘单元尺寸到计算系统的高度和宽度，再到最大库存量计算及最大出入库效率计算，确保设计的合理性和可行性。

图 4-9 为三组自动化立体库组合示意图（注意：在以下不同的问题中，尺寸标号不通用）。

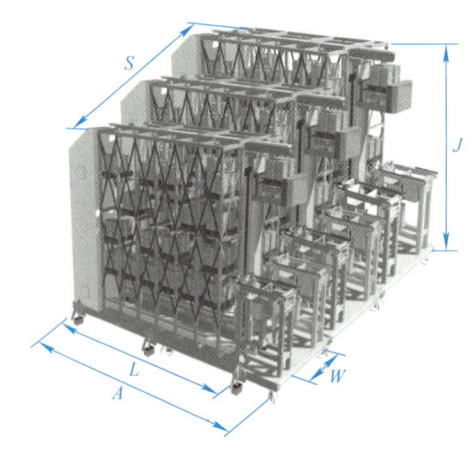

图 4-9　自动化立体库组合示意图

A—立体库系统长度　S—三组立体库组合宽度　L—货架长度　J—货架高度　W—巷道宽度

1 计算该模拟仓库能够设定多少层货格。

① 测量库位托盘单元尺寸。托盘单元的外形尺寸如图 4-10 所示，图中的 L 代表托盘单元的长，H 代表托盘单元的高，W 代表托盘单元的宽（长、宽、高可直接测量实训设备），单位为 mm。

② 确定自动化立体库系统高度。确定托盘单元高度后，即可计算立体库系统高度，图 4-11 为自动化立体库系统高度确定示意图。

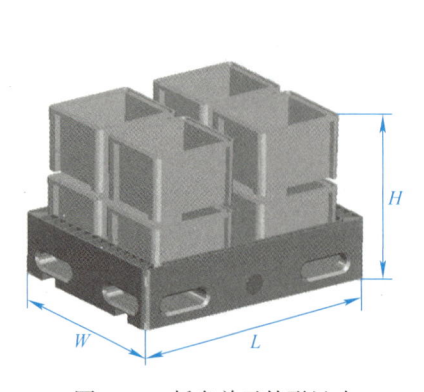

图 4-10　托盘单元外形尺寸

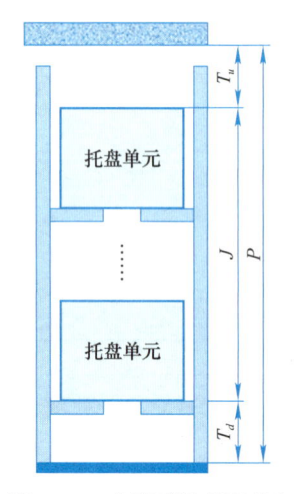

图 4-11　仓库系统高度确定

货架系统高度 P 计算公式为

$$P=J+T_u+T_d$$

式中，J 是货架高度（mm）；T_u 是托盘单元顶面到屋顶下面的距离，一般在 600mm 左右；T_d 是堆垛机叉车操作空间，一般在 750mm 左右。

③ 确定货格高度及货架总高度。确定托盘单元尺寸后即可计算每个货格的高度，图 4-12 为货格高度确定示意图。

货架总高度 J 计算公式为

$$J=(C+K)\cdot M$$

式中，C 是托盘单元高度；K 是堆垛机叉车操作所需距离，即相邻两托盘单元的垂直距离（可直接测量实训设备）；M 是货格层数。

货架系统高度必须小于仓库高度，请计算在该模拟仓库中，每一排自动化立体库能够设定多少层货格？

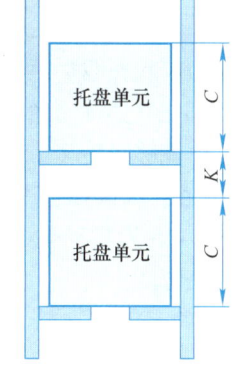

图 4-12 货格高度确定

2 计算该模拟仓库中每一排自动化立体库能够设定多少列货格。

① 自动化立体库系统长度测算。图 4-13 为自动化立体库系统长度示意图。

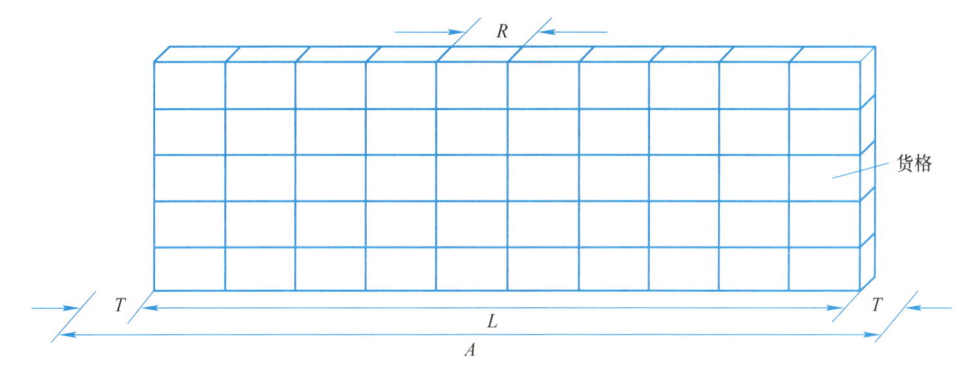

图 4-13 自动化立体库系统长度

自动化立体库系统长度计算公式为

$$A=L+T$$

式中，A 是自动化立体库系统长度；L 是货架长度；T 是其余特殊设备所占长度。

② 一排货架长度测算。图 4-14 为货架长度示意图。

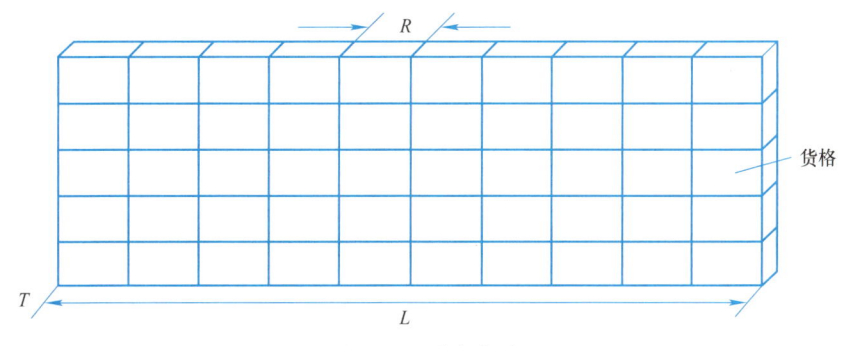

图 4-14 货架长度

货架长度 L 计算公式为

$$L = R \cdot S$$

$$R = B + Y$$

式中，L 是货架长度；R 是货格宽度；B 是托盘宽度；S 是每排的货格列数；Y 是货位纵向冗余量，为放入托盘后货位的纵向余量（可直接测量实训设备）。

自动化立体库系统长度 A 必须小于模拟仓库宽度，请计算在该模拟仓库中，每一排自动化立体库能够设定多少列货格？

3 计算该模拟仓库中能设定多少组自动化立体库。

图 4-15 为自动化立体库系统宽度示意图。一组立体库的宽度包括两排立体库货架和中间的巷道宽度。

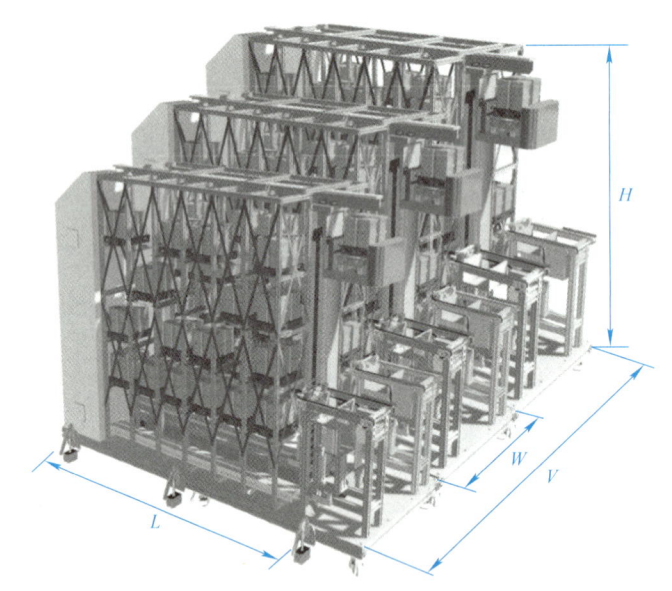

图 4-15　自动化立体库系统宽度

自动化立体库系统宽度 V 计算公式为

$$V = X \cdot N$$

$$N = 2(A + U) + W$$

式中，W 是巷道宽度（可直接测量实训设备）；X 是巷道数，即堆垛机台数；N 是 1 组货架宽度；A 是托盘长度；U 是货位横向冗余量，为放入托盘后货位的横向余量（可直接测量实训设备）。

自动化立体库系统宽度 V 必须小于仓库长度，请计算该模拟仓库中能设定多少组自动化立体库？

4 计算最大库存量。

自动化立体库最大库存量计算公式为

$$E = 2X \cdot M \cdot S$$

式中，S 为每排的货格列数；M 为货格层数；X 为巷道数，即堆垛机台数。

请计算该模拟仓库的最大库存量为多少？

5 计算自动化立体库每日最大出入库量。

堆垛机的标准出入库能力，即每小时入库或出库的次数，其计算公式为

$$N = 3\,600/T$$

式中，N 为标准入库能力（次）；T 为标准动作时间（s）。

标准动作时间是指堆垛机在进行入库或出库时所需要的时间（s），根据下列步骤进行实际测算。

1 图 4-16 为堆垛机单循环运动路线。入库存货标准动作为：工作台→收货→货架中心→存货→返回工作台。取货出库标准动作为：工作台→货架中心→取货→工作台→卸货。

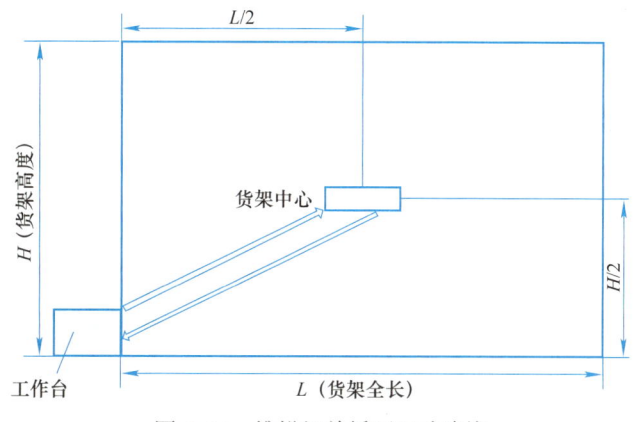

图 4-16 堆垛机单循环运动路线

2 图 4-17 为堆垛机复合循环运动路线。入库存货及取货出库的标准动作为：工作台→收货→货架中心→存货→卸货→（$3L/4$，$3H/4$）处→取货→工作台→卸货。

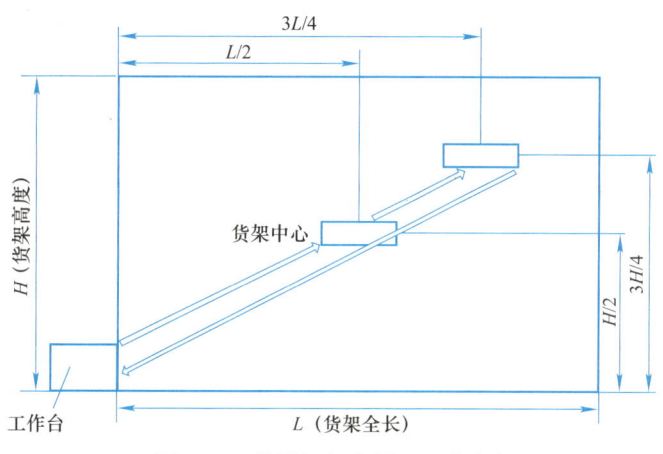

图 4-17 堆垛机复合循环运动路线

当货架的货格数为奇数时，货架中心为各方向居中的货格；当货架的货格数为偶数时，货架中心为

$$\left(\frac{x\text{方向货格数}}{2}+1,\ \frac{y\text{方向货格数}}{2}+1\right)$$

收货存货时间＝叉取距离÷叉取速度×2+[（高位－低位）÷升降速度]

走到货架中心的时间：堆垛机可以同时进行行走和升降两种动作，最后到达的时间即是所求时间。

自动化立体库每日标准最大出入库量计算公式为

$$E = F \times 每日工作时间$$

$$F = N \cdot X$$

式中，E 是自动化立体库每日标准最大出入库量；F 是仓库每小时最大进出库托盘单元数；X 是堆垛机台数，即巷道数；N 是标准出入库能力。

请计算自动化立体库每日标准最大出入库量为多少？

任务评价

任务评价表见表 4-2。

表 4-2 任务评价表

阶段	序号	评分标准	配分	自评	教师评价
职业素养	1	积极参与团队任务，分工明确，团队协作高效	10		
	2	责任心强，勇于承担责任，不推卸问题和责任，对执行结果负责	10		
	3	任务完成后主动按照实训室要求对系统进行保存并恢复	10		
知识技能掌握	1	了解自动化仓库布置与规划原则	10		
	2	能够针对立体库的设计需求进行情况调研	15		
	3	能够对托盘式立体库进行基本规划设计	15		
实训成果	1	完成对企业立体库存储需求的调研	10		
	2	完成托盘式立体库的基本规划设计	10		
	3	撰写立体库需求情况调研报告	10		
		合计			

任务 2 自动化立库的日常维保

任务描述

自动化立体仓库本身是机电一体化的自动化设备，需要定期检查、维护和保养，再者自动化立体仓库的设备由许多部件构成，长时间高频率运行，部件可能会有磨损、老化、损坏的现象，设备经常出现故障而影响正常生产需求，所以需及时、正确、有效地维护保养，以使自动化立体仓库更大限度地达到并符合原设计、制造的标准和技术要求。同时还可以保证自动化立体仓库的设备安全可靠运行，降低故障率和延长设备的使用寿命。

项目 4　自动化仓库设计及运维

某企业的立体仓库由于长时间运行没有进行维护，导致部分部件出现故障。企业决定对该立库进行一次检修工作。李工作为设备管理员，被分配的其中一项任务就是针对立体库货架的机械、电气等方面进行检查和保养。

任务目标

- 熟悉设备保养的级别。
- 熟悉设备维护的工具。
- 能够按照工单对自动化立体库进行维护。

任务准备

- 教学场地：实训室。
- 硬件系统：BTB智能仓储设备——立体库模块。
- 工具辅件：劳保服、安全帽、工具箱、擦拭纸、测试板。
- 准备操作：实训指导教师需要提前将某几处的螺钉松开，并在立柱某部位涂上油污，为实训课程制造待维保的场景。

任务分析

此任务以机械/电气检查及维护为主要内容。任务需要实施者对立体库的结构较为熟悉，并具备一定的机械装配技能。在实施过程中不仅需要根据工单完成对立体库的维保作业，还需要注意人身安全，较为考验实施者的现场作业能力。

课时安排

建议学时共4学时，其中相关知识学习建议2学时；学员练习建议2学时。

知识储备

素养案例

京东无人仓在行业内被称为"黑科技"，主要是因为它采用了一系列先进的技术和创新的解决方案，展现出强大的科技力量和创新能力。无人仓自动化机器人、人工智能和大数据分析技术的应用，使得仓储和物流的操作更加智能、高效和准确。机器人的自主移动和自动化存储、分拣操作，大大提高了仓储和物流的效率，而人工智能和大数据分析的应用，则可以通过对大量数据的分析和预测，提前调整仓储和配送策略，进一步提高效率和准确性。京东无人仓的"黑科技"使其在仓储和物流领域具有很高的竞争优势，先进的技术和创新的解决方案，为京东带来了巨大的商业价值和影响力。同时，京东无人仓也推动了整个行业的发展和创新，成为行业内的典范和榜样。

1. 设备保养级别

设备维护保养工作，依据工作量大小和难易程度，分为日常保养、一级保养和二级保养，所形成的维护保养制度称为"三级保养制"。三级保养工作做好了，就为设备经常保持最佳技术状态提供了根本保证。

（1）日常保养（见表4-3）。

表4-3　日常保养

实施人	操作者
保养内容	■ 认真检查设备使用和运转情况，填写好交接班记录 ■ 对设备各部件擦洗清洁，定时加油润滑 ■ 随时注意紧固松脱的零件，调整消除设备小缺陷 ■ 检查设备零部件是否完整，工件、附件是否放置整齐
频次	日检/周检
要求	设备各部件外观清洁；油路畅通；紧固零件；检查并补充备件库存，确保关键零件充足
备注	保养应在设备停机后进行，避免运行中保养；在干净、干燥的环境中进行保养，避免灰尘和湿气影响；使用正确的工具和材料，确保由专业人员执行保养，并详细记录每次保养情况；严格遵守安全操作规程，佩戴必要防护设备

（2）一级保养（见表4-4）。

表4-4　一级保养

实施人	操作者为主，专业维修工人指导
保养内容	■ 检查、清洁、调整电器控制部位 ■ 彻底清洗、擦拭设备外表，检查设备内部 ■ 检查、调整各操作、传动机构的零部件 ■ 检查油泵、疏通油路，检查油箱油质、油量 ■ 清洗或更换渍毡、油线，清除各活动面毛刺 ■ 检查、调节各指示仪表与安全防护装置 ■ 发现故障隐患和异常要予以排除，并排除泄漏现象等
频次	月检
要求	外观清洁、明亮；油路畅通、油窗明亮；操作灵活，运转正常；安全防护、指示仪表齐全、可靠
备注	保养人员应将保养的主要内容、保养过程中发现和排除的隐患、异常、试运转结果、试生产件精度、运行性能，以及存在的问题等做好记录

（3）二级保养（见表4-5）。

项目 4　自动化仓库设计及运维

表 4-5　二级保养

实施人	专业维修工人为主，操作工为辅
保养内容	■ 主要针对设备易损零部件的磨损与损坏进行修复或更换，完成一级保养的全部工作 ■ 润滑部位全部清洗，结合换油周期检查润滑油质，进行清洗换油 ■ 调整安装水平，更换或修复零部件，刮研磨损的活动导轨面，修复调整精度已劣化部位 ■ 校验机装仪表，修复安全装置，清洗或更换电机轴承，测量绝缘电阻
频次	月检
要求	精度和性能达到工艺要求，无漏油、漏水、漏气、漏电现象，声响、震动、压力、温升等符合标准
备注	保养前后应对设备进行动、静技术状况测定，并认真做好保养记录

2. 认识设备维护的工具

设备的维护离不开工具的使用，了解各工具的特点及使用场景，能够大大提高设备维护的效率。常见的维护工具主要包括拆装类工具、机械测量工具、电气测量仪器、辅助工具以及耗材等。

（1）拆装类工具。拆装类工具主要包括内六角扳手、扭矩扳手、一字螺丝刀、十字螺丝刀、活动扳手等。这类工具主要用于紧固件的拆卸，其中扭矩扳手可以实现以固定的扭矩来拧紧螺钉，常用于安装要求较为精密的场合；而活动扳手由于厚重且开合程度可调节，常用来辅助固定螺母等。

（2）机械测量工具。机械测量工具主要包括卷尺、水平尺、钢板尺、游标卡尺、张力测试仪等。其中水平尺主要用来测量台面的水平程度；游标卡尺可以较为精确测量物体的宽度、深度等；张力测试仪主要用来测量皮带的张紧力。机械式张力测试仪是通过测量一定的形变量产生的扭矩值来粗略判定当前的皮带张紧程度；而声波式张力测试仪则是通过测量振动的频率来直接判定当前张紧力，后者较为精确。

（3）电气测量仪器。电气测量仪器主要包括万用表和测线仪。万用表主要用来测量电路的通断、电压、电流、电阻等电气参数；测线仪主要用来测试通信线路的通断。测线仪包括两种，一种是非接触式，另一种需要将待测网线的两端插入两个测试口，通过指示灯的亮显来判断网线的通断。

（4）辅助工具。辅助工具是指在安装、维护过程中起辅助作用（压制、剪切、敲打、清扫）的工具，主要包括压线钳、斜口钳、橡胶锤、毛刷等。

（5）耗材。在设备维护的过程中通常要消耗一部分材料，这些材料就被称为耗材。缠绕膜和扎线带主要用于电气元件的拆卸和固定，冷压端子主要用于改善导线端部的裸露腐蚀等情况，润滑油用于改善传动系统的接触面情况。设备外观的整洁度可以用油污擦拭纸来保证；标签纸是标签打印机的常备耗材，也需要定期进行更换。

任务实施

自动化立库的维护与保养

（1）工单（见表 4-6）

表 4-6　工单

公司			编号	
设备管理工作任务单				
申请部门：仓管部门			申请日期：	
实施名称	自动化立库的维护与保养		要求完工日期	
实施背景	某企业的立体仓库由于长时间运行没有进行维护，导致部分部件出现故障。企业决定对该立库进行一次检修工作。李工作为设备管理员，被分配的其中一项任务就是针对立体库货架的机械、电气等方面进行检查和保养			
辅件申请	劳保服、安全帽、手套、口罩、擦拭纸、扳手、一字螺丝刀、内六角螺钉			
工作流程				辅助工具
1	穿戴劳动防护用具			劳保服、安全帽、手套、口罩
2	立体库外观检查与维护			擦拭纸
3	紧固件检查与维护			扳手、一字螺丝刀
4	货格检查及维护			内六角螺钉
实施要求	严格按照表中的信息进行定义			
实施参考	立体库			
申请人			主管	
检验结果	□合格　　　　□需返修　　　　□报废 具体说明：			
实施人			验收人	
完工日期			验收日期	

（2）实施过程

⬛1 穿戴劳动防护用具。操作人员不得披长发、穿宽松衣服、佩戴饰物（包括环状物），在操作之前必须穿戴好劳动防护用具，如图4-18所示。防护用具包括安全帽、防护手套、劳保服、口罩。

根据维护需求需要准备的辅件包括擦拭纸、扳手、工具箱、测试板（可用托盘替代）等。

⬛2 立体库外观检查与维护。

① 检查立柱、横梁是否变形，有无损坏；固定仓储模块的地脚有无松动，磁吸装置是否固定好，如图4-19所示。

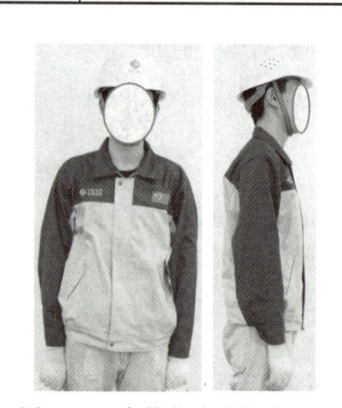

图 4-18　穿戴劳动防护用具

② 观察立体库外观是否有磕碰、油污、焊接开裂或其他表面损伤，如有上述情况需要及时清理、修补甚至更换，以免污染存放货物，降低立体库整体使用寿命。

3 紧固件检查与维护。检查各个连接螺栓有无松动,判断方式主要有听音法、扳手紧固点检法以及防松标记法。上述三种方法各有优劣,其中现场较为常用的是防松标记法,即在点检或螺栓组装完毕时,在紧固的螺栓上画上标记线(见图4-20),当螺栓发生松动时,标记位置会发生断裂,任何人通过目视就可以轻松地发现。

图 4-19　仓储磁吸装置　　　　图 4-20　螺栓防松标记

4 货格检查及维护。
① 检测货格光电开关灵敏度、信号反馈情况、照射位置有无变动。
② 检查货格单元是否有超重情况。
5 记录维护过程的不当行为(见表4-7)。

表 4-7　操作不当问题记录

序号	问题	处理方式
1	工具乱放	将工具放置在移动工具台上
2		
⋮		

任务评价

任务评价表见表4-8。

表 4-8　任务评价表

阶段	序号	评分标准	配分	自评	教师评价
职业素养	1	积极参与团队任务,分工明确,团队协作高效	10		
	2	责任心强,勇于承担责任,不推卸问题和责任,对执行结果负责	10		
	3	任务完成后主动按照实训室要求对系统进行保存并恢复	10		
知识技能掌握	1	熟悉设备维护常用的工具	10		
	2	了解设备保养级别	10		
	3	能够对自动化立体库进行规范的检查和维护	20		
实训成果	1	完成自动化立体库的机械检查与维保	10		
	2	完成自动化立体库的电气检查与维保	10		
	3	学生形成安全作业的意识	10		
		合计			

项目评测

一、选择题

1. 设备保养级别不包括以下哪一级别（　　）。
   A．日常保养　　　　　　　　B．一级保养
   C．二级保养　　　　　　　　D．月度保养
2. 以下哪一项不符合充分利用空间、场地的原则（　　）。
   A．最大化的储存密度
   B．设计仓库时需要考虑货物大小和形状
   C．合理配置货架高度和存储区域
   D．保持生产过程顺利进行，无阻滞

二、填空题

1. 一级保养的保养频次为_____检查一次。
2. 凡是对物流路线及设备布置有影响的因素都要综合考虑属于_____原则。

三、判断题

1. 自动化立库布置应该秉持固定设备，紧密相邻的原则。（　　）
2. 二级保养是保养级别制度中的最高级别。（　　）

四、简答题

1. 简述自动化立库日常保养流程。
2. 请简述自动化立库布置与规划原则。

项目 5

堆垛机的认知与运维

■ 项目导言

在现代仓储领域，自动化堆垛机已成为智能仓储的关键工具。本项目全面分析自动化堆垛机，涵盖了堆垛机的基本认知、技术特性及其在日常工作中的实际应用；另外，本项目还聚焦于设备的异常报警与紧急停止、报警信息的查看，有效提升仓储管理的自动化水平和运营效率。

■ 工作任务

```
         项目 5  堆垛机的认知与运维
          ┌──────────┴──────────┐
  任务 1  巷道式堆垛机的认知及使用    任务 2  堆垛机的日常运维
```

智能仓储设备运行与维护

任务 1　巷道式堆垛机的认知及使用

任务描述

在仓储管理中，巷道堆垛机主要起到搬运作用，堆垛机不仅能提高货物搬运效率，还能保障货物运送的稳定性，帮助人们更好地存储。小丁作为设备管理员，需要了解堆垛机的相关信息，还需要熟悉堆垛机的初始化设置与操作。

任务目标

- 了解巷道式堆垛机的特点。
- 熟悉巷道式堆垛机的工作原理。
- 掌握巷道式堆垛机的结构及技术参数。
- 掌握堆垛机的初始化操作。

任务准备

- 教学场地：设备实训室。
- 硬件系统：BTB智能仓储设备、连接线缆（电、气、网）。
- 工具辅件：劳保服、安全帽、托盘。
- 准备操作：实训指导教师将所有基本模块做好标记，并标注运行方向。

任务分析

本任务包括巷道式堆垛机的概念、特点、工作原理、主要结构和技术参数等内容。通过本任务的学习，学生能够对巷道式堆垛机有较为全面的认知。

课时安排

建议学时共4学时，其中相关知识学习建议2学时；学员练习建议2学时。

知识储备

素养案例

东杰智能为马来西亚饮料公司 F&N BEVERAGES MANUFACTURING SDN BHD 建设的物流中心，为马来西亚引入了现代物流、工业4.0、跨境电商、新零售等方面的先进经验及理念，代表中国智能仓储物流系统的先进水平。该项目采用了东杰智能自主研发的高度可达38m以上的堆垛机，实现了国产堆垛机的全新技术突破。

1. 巷道式堆垛机的概念

巷道式堆垛机是在高层货架的窄巷道内作业的起重机，在高层货架的巷道内来回穿梭运行，将位于巷道口的货物存入货格，或者取出货格内的货物运送到巷道口。它具有高密度存储、自动化操作、操作效率高和可靠安全等特点，适用于各种行业的仓库和物流中心。巷道式堆垛机通过计算机控制系统实现自动操作，提高仓库的效率和准确性。

2. 巷道式堆垛机工作原理

巷道式堆垛机的工作原理是由行走电动机通过驱动轴带动车轮在下导轨上做水平运动，由提升电动机带动载货台做垂直升降运动，载货台上的货叉做伸缩运动。通过上述三维运动可将指定货位上的货物取出或将货物送到指定的货位。

堆垛机的电动机按照控制方式可以分为两类六种电动机，如图5-1所示。

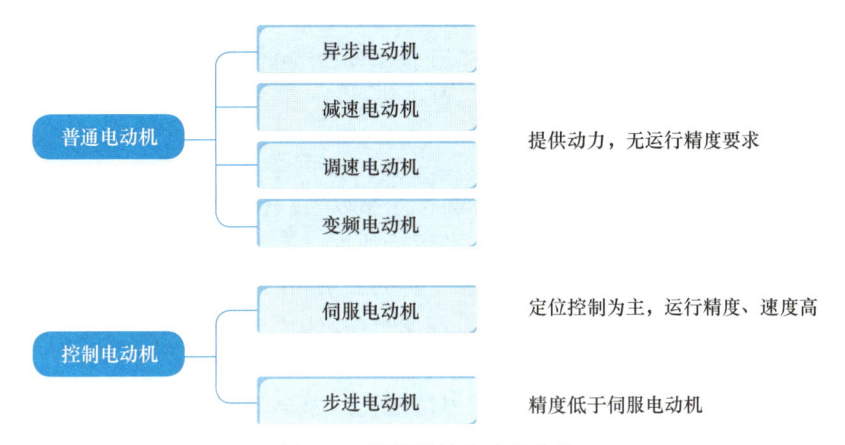

图5-1 堆垛机的电动机分类

伺服电动机配合控制器（见图5-2）构建了一个精准执行指令的控制系统，可实现位置、速度及转矩的全方位控制。

通过认址器、光电识别以及光通信信号的转化，能够实现计算机对伺服电动机控制，也可实现触摸屏的手动和半自动控制。认址器负责获取实际运行位置，行程开关控制货叉伸出的距离，货叉下面的接近开关控制货叉的回中定位。

图5-2 伺服电动机和控制器

3. 巷道式堆垛机的主要结构

巷道式堆垛机主要由起升机构、运行机构、载货台及取货装置、机架4个结构模块以及电气控制系统组成。

（1）起升机构。起升机构是使载货台垂直运动的机构，一般由电动机、制动器、减速机、滚筒或滚轮以及柔性件组成。为了使起升机构结构紧凑，常使用带制动器的电动机。

（2）运行机构。运行机构是堆垛机水平运行的驱动装置，一般由电动机、联轴器、制动器、减速器和行走车轮组成。

（3）载货台及取货装置。

① 载货台。载货台通过钢丝绳或链条与起升机构连接，可沿着立柱导轨上下升降。取

货装置安装在载货台上；有司机室的堆垛机，司机室一般也在载货台上。

②取货装置。根据托盘的形状、单元货物的尺寸与重量等，目前已设计出了各种取货装置，包括人力取货装置，采用电磁或真空吸盘的取货装置，利用动力输送机的取货装置，利用机械臂的取货装置以及最常用的伸缩货叉装置等。

（4）机架。机架是堆垛机的主要承载构件，可分为单立柱和双立柱两种结构类型。机架一般由立柱、上横梁和下横梁三部分组成。整个机架（金属结构）具有重量轻，抗扭、抗弯刚度大、强度高的特点。

（5）电气控制系统。按电气控制方式，电气控制系统可分为联机自动方式、半自动操作方式、手动操作方式。

联机自动方式是仓储系统正常运行时堆垛机的主要作业方式，控制计算机按照业务流程规划出入库路径，实时向堆垛机下达作业指令，堆垛机自动连续执行取送货动作。

半自动操作方式是指可以单步完成如取货、放货、堆垛机运行至巷道内某一货位等作业指令。

手动操作方式一般在堆垛机安装调试阶段或在管理调度系统发生故障的情况下使用，可以操作堆垛机完成行走、升降、伸缩货叉等单机运动。

4. 巷道式堆垛机的技术参数

巷道式堆垛机的技术参数包括速度参数、尺寸参数、载重能力、控制系统和其他技术参数。

（1）速度参数。速度参数主要包括水平运行速度、起升速度、货叉伸缩速度。堆垛机一般具有变频调速功能。这3项参数的高低，直接关系到出入库频率的高低。

（2）尺寸参数。尺寸参数主要包括起升高度、存取高位极限高度、存取低位极限高度、整机全长。堆垛机尺寸参数涉及合理利用有效空间，增加库容量。

（3）载重能力。巷道堆垛机的载重能力是指它能够承受的最大货物重量。这个参数通常以吨为单位进行表示。

（4）控制系统。巷道堆垛机的控制系统是指用于控制和监测堆垛机操作的电子系统。这个系统可以包括自动化控制、传感器、计算机软件等。

（5）其他技术参数。其他技术参数主要包括电源类型及额定功率、货叉下挠度、堆垛机的噪声以及电动机、减速器的可靠性等。

任务实施

堆垛机的初始化操作

（1）工单（见表5-1）

表5-1 工单

公司		编号	
设备管理工作任务单			
申请部门：仓管部门			申请日期：
实施名称	堆垛机的初始化操作	要求完工日期	
实施背景	小丁作为设备管理员，在公司引进巷道堆垛机之后，经过调研已经了解了堆垛机的相关信息，现在需要进行堆垛机的初始化设置与操作		

项目 5　堆垛机的认知与运维

（续）

辅件申请	劳保服、安全帽、托盘	
工作流程		辅助工具
1	Y 轴伺服回原点操作	
2	Y 轴回归待机位	
3	X/Z 轴伺服回原点	
4	X/Z 轴回归待机位	
5	调整设备运行模式为"自动运行"	
实施要求	要求实施完成后，HMI 中的"料库未准备好"字样消失，并恢复正常作业	
实施参考	立体仓库 HMI	
申请人		主管
检验结果	□合格　　　　□需返修　　　　□报废 具体说明：	
实施人		验收人
完工日期		验收日期

（2）实施过程

1 为避免在回原点操作中堆垛机的载物板由于位置不当而撞机，应当先对 Y 轴进行零点归位。先按立体仓库 HMI 中的"Y 轴伺服"，然后按"回原点"按钮，如图 5-3 所示。

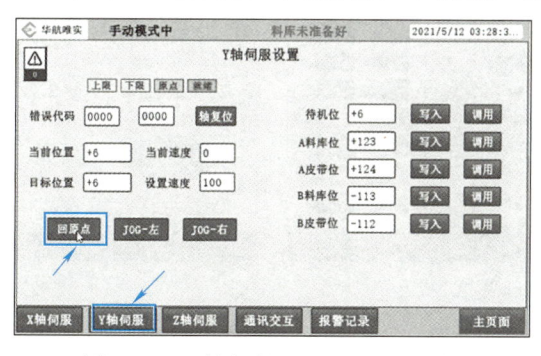

图 5-3　"Y 轴伺服""回原点"操作

2 按"回原点"之后，堆垛机的取料板即可执行 Y 轴方向的回原点运动，如图 5-4 所示。

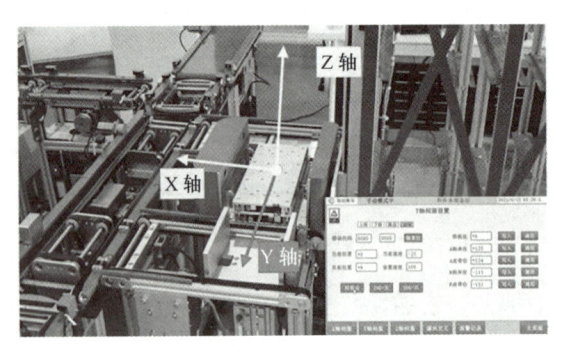

智能仓储设备运行与维护

图 5-4　Y 轴回原点运动

3️⃣ 回原点动作结束之后，可以在 HMI 中观察到"原点"图标已经亮显，即 Y 轴的伺服已找回原点，如图 5-5 所示。接下来按 Y 轴待机位的"调用"按钮，将取料板调整至初始位置。

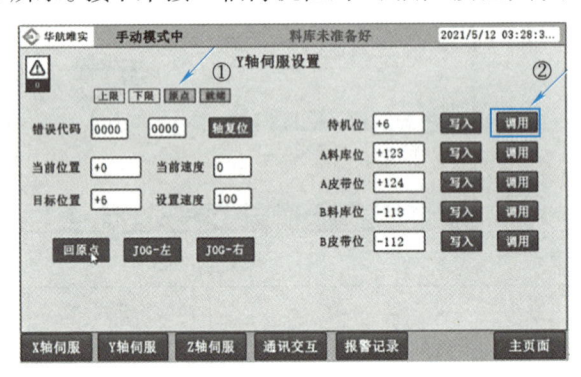

图 5-5　运动至待机初始位（Y 轴）

4️⃣ X 轴与 Z 轴两个方向的伺服原点可以参考步骤 1️⃣～2️⃣ 进行操作。这两轴的操作顺序不分先后，如图 5-6 所示。3 个轴的伺服回原点操作之后，可以看到"料库未准备好"标识已经消失。

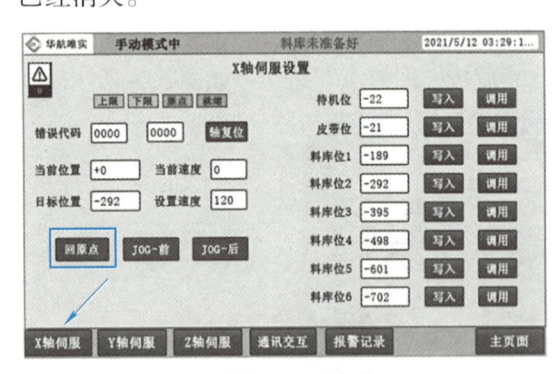

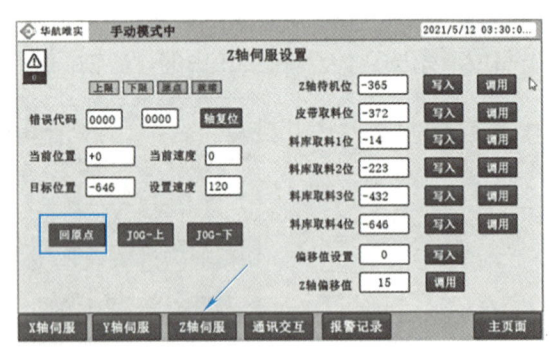

a）X 轴伺服回原点操作　　　　　　　b）Z 轴伺服回原点操作

图 5-6　伺服回原点

5️⃣ 如图 5-7a 所示，在 Z 轴的待机位按"调用"，确保 3 个轴的伺服系统回到初始位置，如图 5-7b 所示。

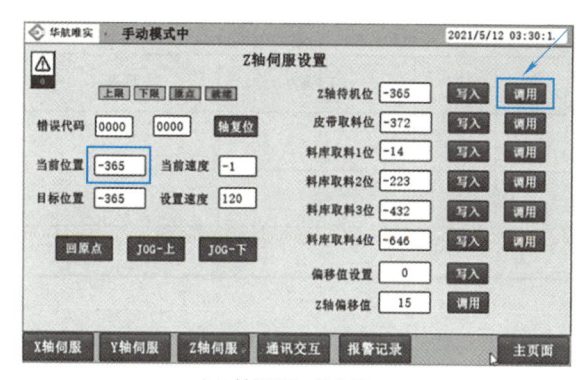

a) Z 轴调用初始位置　　　　　　　　　　b) 堆垛机的初始待机位（3 轴）

图 5-7　堆垛机回归初始位置

6 按"主页面",进入出入库作业界面,然后按"自动启动",将立体仓库运行模式调整至"自动模式",如图 5-8 所示。

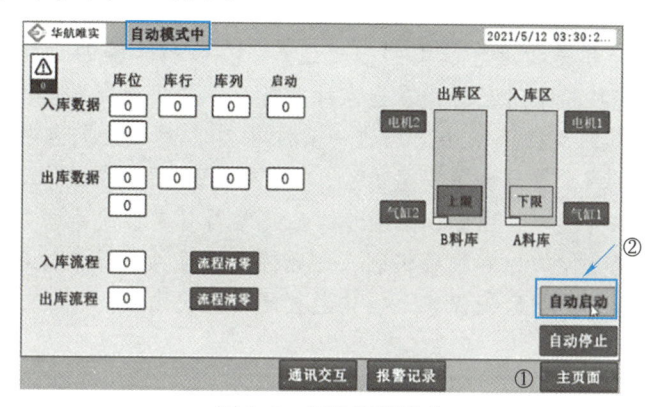

图 5-8　切换运行模式

任务评价

任务评价表见表 5-2。

表 5-2　任务评价表

阶段	序号	评分标准	配分	自评	教师评价
职业素养	1	积极参与团队任务,分工明确,团队协作高效	10		
	2	责任心强,勇于承担责任,不推卸问题和责任,对执行结果负责	10		
	3	任务完成后主动按照实训室要求对系统进行保存并恢复	10		
知识技能掌握	1	理解巷道式堆垛机在整个智能仓储装备的重要性	10		
	2	掌握巷道式堆垛机的特点	10		
	3	掌握巷道式堆垛机的工作原理	10		
	4	掌握巷道式堆垛机的结构及技术参数	10		

(续)

阶段	序号	评分标准	配分	自评	教师评价
实训成果	1	能够按时准确完成任务	20		
	2	能够自我解决实训过程中遇到的问题	10		
		合计			

任务 2　堆垛机的日常运维

任务描述

巷道自动化立体仓库是物流仓储中的核心设备。在物料传输的过程中，如果料箱与托盘的相对位置不稳固或料箱未封装好，在出入库时就有可能出现突发状况。

在熟练操作堆垛机的前提下，小丁应进一步深化对巷道堆垛机应急维护技能的掌握。这不仅有助于防范潜在的人员与设备安全风险，更能有效提高他在操作智能仓储设备时的安全意识和应对突发事件的能力。因此，当前小丁应将学习日常应急维护知识列为重要议程，确保自己深刻理解智能仓储的异常报警机制，并熟练掌握堆垛机异常信息的查看方法，能够对堆垛机进行急停与恢复，从而确保整个操作过程既安全又高效。

任务目标

- 了解智能仓储的异常报警机制。
- 熟悉堆垛机异常信息的查看方法。

任务准备

- 教学场地：实训室。
- 硬件系统：BTB 智能仓储设备——立体库模块。
- 工具辅件：劳保服、安全帽、工具箱、托盘。
- 准备操作：实训指导教师需要提前开启设备，并且清空立体库中存储的托盘。

任务分析

此任务是围绕堆垛机运维的综合实训，内容主要是关于异常报警的认知与异常处理。任务实施者需要对立体库和堆垛机的结构较为熟悉，并具备一定的机械装配和电气调试技能。

在实施过程中需要学生掌握位置数据的应用方式，能够对堆垛机的异常情况及时实施急停和恢复，对于撞机等情况能够及时补救和恢复，对于位置变动后的堆垛机能够重新进行数据校正，还能实施检修以及日常维护。在整个实施过程，较为考验实施者的

项目 5 堆垛机的认知与运维

安全意识及动手操作能力。

课时安排

建议学时共 4 学时，其中相关知识学习建议 2 学时；学员练习建议 2 学时。

知识储备

素养案例

2019 年 2 月 21 日某机械设备有限公司员工发生一起生产安全责任事故，祝某在处置堆垛机故障过程中，其背部、胸腹部被卡在堆垛机载货台与横梁之间，后经抢救无效死亡。堆垛机事故给企业和员工的生命财产安全带来了严重威胁。因此堆垛机的维护和检修工作尤其重要，个人和企业都应筑起安全生产思想防线，树立"安全第一"的思想，提升自我保护的能力。

1. 异常报警与紧急停止

（1）智能设备的报警。智能并不等于绝对安全，当智能设备运行异常时，会触发设备的报警机制，从而第一时间让设备管理人员察觉到异常情况的发生，并及时做出反应。智能仓储设备常见的报警装置主要包括三色灯和蜂鸣器。

如图 5-9 所示，三色灯具有"红、黄、绿"三种颜色，这三种灯光又分别具有常亮和闪烁两种状态。将这些不同颜色的灯光以及状态进行重组，可以得到多种状态信息。智能仓储设备将这些状态分为三大类别：自动状态、手动状态以及报警状态，详细含义见表 5-3。

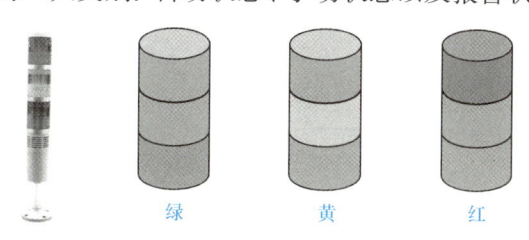

图 5-9 三色灯及状态

表 5-3 三色灯状态说明

序号	指示灯状态		含义
1	绿灯常亮	自动状态—生产	所有设备均处于安全工作状态（未作业）
2	绿灯 闪烁		正在执行作业（入库、盘点、出库等）
3	黄灯常亮	手动状态—调试	所有设备均处于安全工作状态（未作业）
4	黄灯 闪烁		某设备正在执行调试作业
5	红灯常亮	报警状态—危险	安全门被打开
6	红灯 闪烁		触发急停、设备运行异常

注：在报警状态下会同时触发蜂鸣器，以增强警示作用。

109

智能仓储设备运行与维护

（2）急停装置的配置与权限。为了能够及时对紧急状况做出反应，智能设备通常在多个位置都配置有急停装置。按下急停装置，对应设备即可停止运行。如图 5-10 所示，智能仓储设备在电气控制柜、人工交互平台、立体仓库、智能分拣单元以及协作机器人的示教器（原装）都配置有急停装置，这些急停装置的控制权限有所不同，具体见表 5-4。

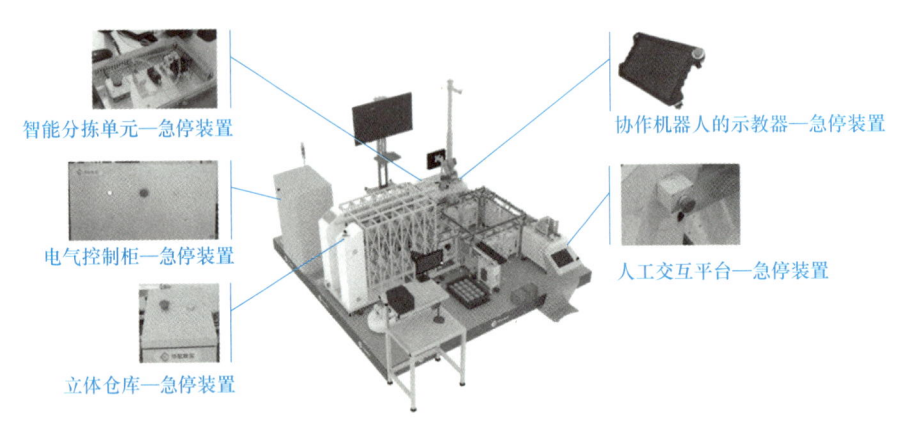

图 5-10　急停装置的分布

表 5-4　急停装置的控制权限

序号	配置位置	控制设备权限
1	电气控制柜	所有单元模块
2	人工交互平台	所有单元模块
3	立体仓库	立体仓库单元
4	智能分拣单元	智能分拣单元（协作机器人）
5	协作机器人的示教器	智能分拣单元（协作机器人）

2. 报警信息的查看

当设备报警时，需要第一时间停止设备的动作，然后再查看设备的异常状态。除了直接观察硬件设备的状态之外，还可以从以下交互界面中查看异常的情况。

（1）人工交互平台。人工交互平台是显示设备状态最为全面的人机界面（Human Machine Interface，HMI）。其报警信息在界面的上方，如图 5-11 所示。当排除异常因素之后，可以按"系统复位"按钮，解除智能仓储系统的报警状态。这也是解除所有报警状态的唯一方式。

（2）立体仓库的 HMI。如图 5-12 所示，立体仓库的 HMI 只显示立体仓库的报警信息，其信息更具针对性和可操作性。按界面的"报警记录"，即可查看所有的报警信息，然后根据信息来排除具体的异常。

（3）协作机器人的示教器。如图 5-13 所示，协作机器人的示教器可以显示协作机器人的报警信息以及事件日志。可以根据示教器的信息提示来处理机器人的异常情况。

项目 5　堆垛机的认知与运维

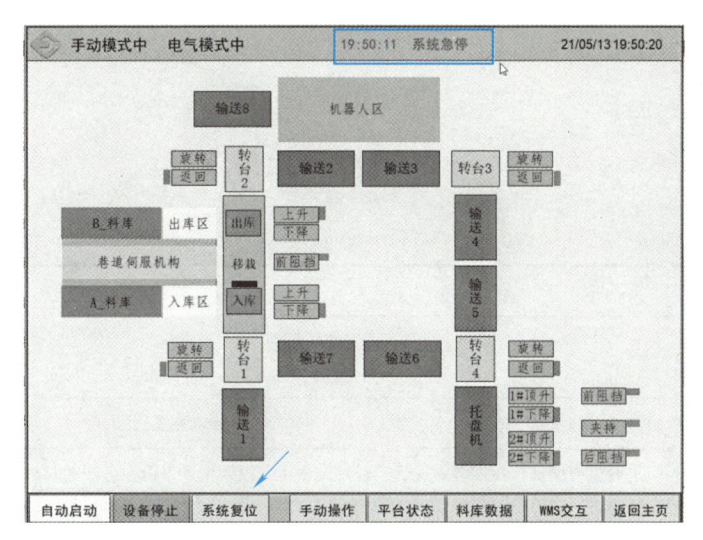

图 5-11　人工交互平台的报警信息

图 5-12　立体仓库的 HMI 报警信息

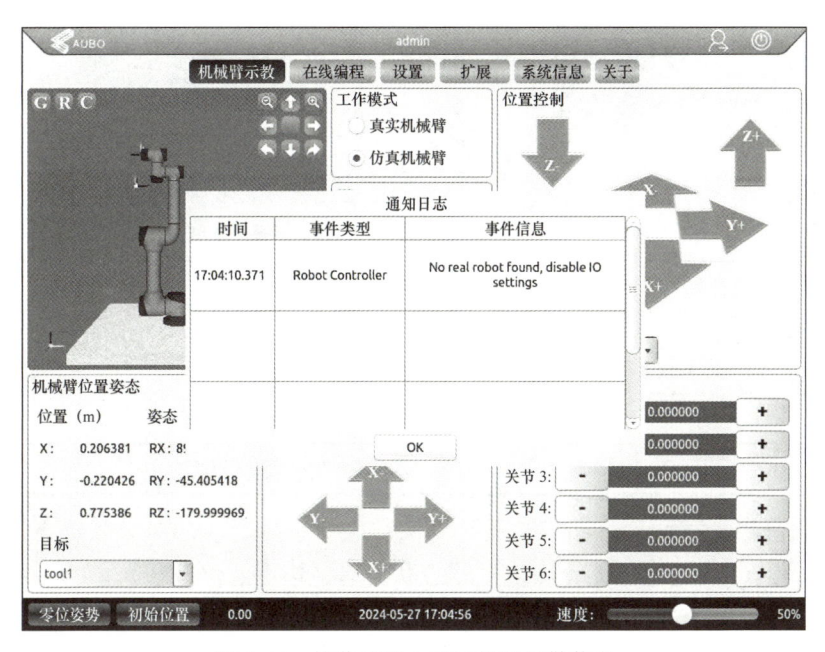

图 5-13　协作机器人的示教器报警信息

111

任务实施

堆垛机的急停与恢复

（1）工单（见表5-5）

表5-5　工单

公司			编号	
设备管理工作任务单					
申请部门：仓管部门			申请日期：	
实施名称	堆垛机的急停与恢复		要求完工日期	
实施背景	公司引进巷道堆垛机，在安装完成后，经过调试正式投入生产，但在生产的时候发生了紧急事件，小丁立即赶往处理			
辅件申请	劳保服、安全帽、托盘			
	工作流程		辅助工具	
1	按下急停按钮			
2	排除异常故障情况			
3	松开急停，恢复系统			
实施要求	应对突发状况，排除立体仓库异常情况，恢复正常作业水平			
实施参考	立体仓库急停装置			
申请人			主管	
检验结果	□合格　　□需返修　　□报废 具体说明：			
实施人			验收人	
完工日期			验收日期	

（2）实施过程

1 急停操作。当巷道立体仓库发生紧急状况时，按下急停按钮，设备即可停止运行，如图5-14所示。

2 此时在立体仓库的HMI中可以看到当前的报警信息，并出现"设备报警中""料库未准备好"的状态提示,如图 5-15 所示。此时总控制柜的三色灯以及蜂鸣器会同时发出报警指示。

图 5-14　按下急停按钮　　　　图 5-15　HMI 提示报警状态(三色灯状态)

3 先排除异常情况,然后查找并分析原因,确保设备再次运行时不会出现类似的问题。
4 顺时针旋转急停按钮,如图 5-16 所示,解除立体仓库的"上锁"状态。
5 按下复位按钮,恢复系统的报警状态,三色灯以及蜂鸣器也恢复至正常,如图 5-17 所示。但此时由于伺服系统的零点已经丢失,因此不能对系统直接进行操作。

图 5-16　旋转急停按钮　　　　图 5-17　按下复位按钮

6 按下复位按钮之后,可以看到 HMI 中的"设备报警中"的警示信息消失,如图 5-18 所示。

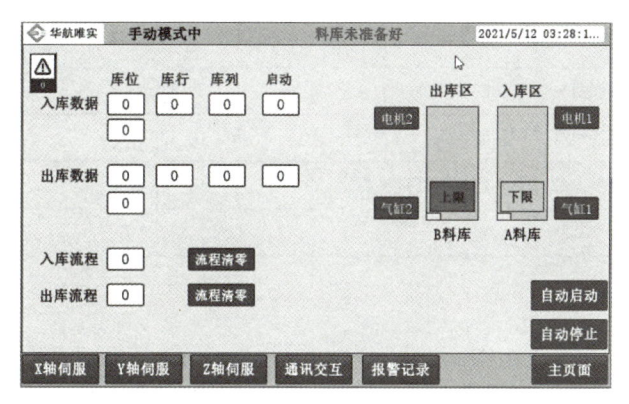

图 5-18　HMI 警示信息消失

7 接下来对巷道立体仓库执行回原点操作,回原点的顺序按照先 Y 轴后 X/Z 轴。伺服轴回原点之后,各轴准备就绪,此时可以看到 HMI 中"料库未准备好"的状态提示已经消失,如图 5-19 所示。
8 最后将堆垛机运动至初始位置,巷道立体仓库即可完全恢复至正常状态,如图 5-20 所示。

智能仓储设备运行与维护

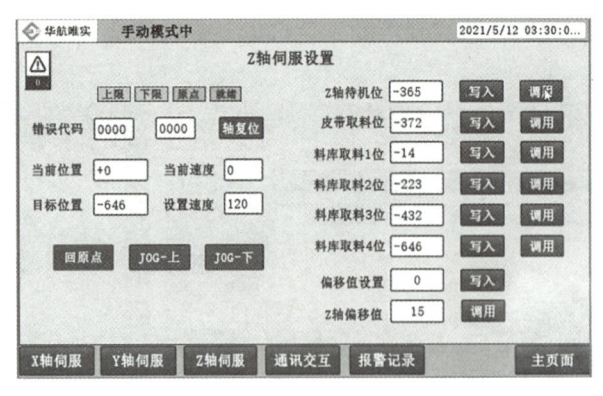

图 5-19 回原点操作　　　　　　　图 5-20 堆垛机初始位置

任务评价

任务评价表见表 5-6。

表 5-6 任务评价表

阶段	序号	评分标准	配分	自评	教师评价
职业素养	1	积极参与团队任务，分工明确，团队协作高效	10		
	2	责任心强，勇于承担责任，不推卸问题和责任，对执行结果负责	10		
	3	任务完成后主动按照实训室要求对系统进行保存并恢复	10		
知识技能掌握	1	熟悉设备的异常报警机制	10		
	2	了解堆垛机异常信息的查看方法	10		
	3	掌握堆垛机的急停及恢复操作	10		
实训成果	1	完成堆垛机的急停与恢复操作	20		
	2	完成堆垛机异常信息的查看	10		
	3	堆垛机发生故障时严格执行处理流程	10		
		合计			

项目评测

一、选择题

1. 巷道式堆垛机在（　　）进行作业。
   A. 仓库外部　　　　　　　　　B. 高层货架的窄巷道内
   C. 货物储存区域　　　　　　　D. 货物装卸区域

114

2. 巷道式堆垛机的技术参数不包括（　　）。
　　A．速度参数　　　　　　　　B．尺寸参数
　　C．位置参数　　　　　　　　D．其他技术参数

二、填空题

1. 按电气控制方式，电气控制系统可分为_____、_____、_____。
2. 巷道式堆垛机由_____、_____、_____、_____4个结构模块以及电气控制系统组成。

三、判断题

1. 三色灯黄灯常亮表示某设备正在执行作业。　　　　　　　　　　　　（　　）
2. 当设备报警时，需要第一时间停止设备的动作，然后再查看设备的异常状态。
　　　　　　　　　　　　　　　　　　　　　　　　　　　　　　　　（　　）

四、简答题

1. 简述巷道式堆垛机的工作原理。
2. 简述堆垛机急停与恢复的过程。

项目 6

自动输送设备的认知与运维

项目导言

自动输送设备源于传统的物料搬运输送机械和仓储机械。在现代信息技术飞速发展和生产制造对大规模、快节拍、柔性化的需求推动下,传统的物料搬运输送机械和仓储机械开始与信息技术融合。自动控制技术和信息技术成为输送系统技术的核心,促使自动输送设备行业兴起。自动输送设备广泛应用于汽车、工程机械等制造业生产线,以及立体仓库、物流配送分拣、立体停车系统等现代服务业。

工作任务

项目6 自动输送设备的认知与运维

- 任务1 自动输送设备的认知及技术参数
- 任务2 自动输送设备的点检与维护

智能仓储设备运行与维护

任务 1　自动输送设备的认知及技术参数

任务描述

随着电子商务的发展，公司拣货部日均业务量激增至 12 000 箱，领导决定召开研讨会，商议引进自动输送设备并配备 AGV 和 RGV。小李作为拣货部的技术人员，需要上网搜集不同种类自动输送设备、AGV 和 RGV 的资料。领导还要求小李对自动输送设备的技术参数进行测算与读取，全面掌握设备技术参数的数据，以满足拣货部的业务需求。

任务目标

- 了解自动输送设备的概念和自动输送设备系统的特征。
- 知道自动输送设备系统的工作原理。
- 了解自动输送设备的技术参数。
- 了解 AGV 和 RGV 的概念、组成和工作原理。

任务准备

- 教学场地：设备实训室。
- 硬件系统：BTB 智能仓储设备。
- 工具辅件：计算机、互联网。
- 准备操作：实训指导教师将所有基本模块做好标记，并标注运行方向。

任务分析

此任务是搜集自动输送设备、AGV 和 RGV 的相关资料，搜集过程需要深入了解自动输送设备系统的基本构成及工作原理，掌握测量和计算自动输送设备技术参数的能力，并且了解 AGV 和 RGV 的概念、组成和工作原理。

课时安排

建议学时共 4 学时，其中相关知识学习建议 2 学时；学员练习建议 2 学时。

知识储备

素养案例

2021 年 11 月 24 日，山东山矿机械有限公司开发的"环保型输送与储煤系统"荣获"十佳"工业新产品奖。该系统是响应国家绿色发展和环保政策，通过 DEM 模拟仿真

> 技术进行研发的连续搬运散装物料系统，将易造成扬尘的散装物料高效、环保地进行运输。整个系统具有运行平稳、环保高效、智能化程度高等优点，彻底解决了传统设备在工作中易产生粉尘污染的问题，最大限度地避免了对环境的污染，可广泛应用于化工、煤矿、电力、粮食、码头、钢厂等领域。该产品已取得8项国家专利，其中1项发明专利、7项实用新型专利，授权1项软件著作权。在当前环保新形势、新常态下，实行可持续生态化绿色发展已是时代必行趋势。

1. 自动输送设备的概念

自动输送设备是运用信息感知、自动识别、智能控制技术，根据计算机指令或既定程序进行自主判断，实现自动化输送的机械设备，如图6-1所示。

自动输送设备系统由中央计算机控制，应用大量传感器和控制器，能够自动完成货品的进出库、装卸搬运、识别分拣等工作。自运输送设备系统能够充分发挥速度快、流向多、效率高、差错率低和基本实现智能化、无人化作业的优势，目前已在我国许多大型配送中心广泛应用。

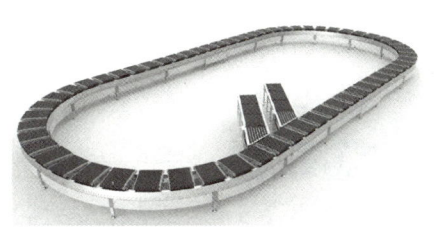

图6-1 自动输送设备

2. 自动输送设备系统的特征

（1）能连续、大批量地输送分拣货物。由于采用大生产中使用的流水线自动作业方式，自动输送设备系统不受天气、时间、人的体力等限制，可以连续运行。其分拣输送能力一般可以达到连续运行100h以上，每小时可分拣7 000件包装货物。

（2）差错率低。自动输送设备采用条码、RFID电子标签等扫描输入，避免人工键盘或语音识别输入易出现的输错问题，大幅度降低误差率。

（3）实现无人化。自动输送设备采用信息感知、智能控制技术完成现代物流综合作业中进出库、装卸搬运、识别分拣等作业，减轻劳动人员的工作强度，提高人员的使用率。

3. 自动输送设备系统的工作原理

货物经人工搬运或机械搬运等方式被放置在自动输送设备系统上，经合流后汇集到输送机。货物接受激光扫描器或射频扫描器等设备的扫描，将货物信息录入中央系统，中央系统将所获信息与预先设定的信息进行比对，然后将不同的被拣货物送到指定的分拣道口位置，完成货物输送及分拣工作。

4. 自动输送设备的技术参数

（1）输送能力。输送机的输送能力是指单位时间内输送的物料量。在输送散状物料时，以每小时输送物料的质量或体积计算；在输送成件物品时，以每小时输送的件数计算；在输送液体物品时，以每小时输送的立方数计算。

（2）输送速度。输送速度通常指测算物品在输送机上运动的速度，输送速度越大，输送能力越强。在以输送带作为牵引件且输送长度较大时，输送速度日趋增大。但高速运转的带式输送机需注意振动、噪声和启动、制动等问题。对于以链条作为牵引件的输送机，输送速度不宜过大，以防止增大动力载荷。同时进行工艺操作的输送机，输送速度应按生产工艺要求确定。

（3）构件尺寸。输送机的构件尺寸包括输送带宽度、板条宽度、料斗容积、管道直径和容器大小等，构件尺寸与输送机的体积成正比，与输送能力成正比。

（4）输送线路长度和倾角。输送线路长度和倾角大小直接影响输送机的总阻力和所需要的功率。

（5）识别及控制速度。早期的输送设备并没有识别及控制的功能，输送设备上的货物需要通过人工识别之后采用手工键入的方式录进系统，条码识别系统出现之后，在分拣过程中由红外线读取条码信息自动录入系统，识别效率得到提升。目前，自动输送设备采用 RFID 无线数字识别装置，通过无线数字传递分拣信息，对货物的朝向已没有要求，识别速度达到每小时数千件。

5. AGV 和 RGV

> **素养案例**
>
> 2023 年 9 月 4 日，长安民生物流亮相 2023 年中国国际智能产业博览会，展示智慧物流产品和服务，推动汽车产业从制造端到销售端全环节联通。针对"智能网联新能源汽车"，长安民生物流携手旗下赛美数智科技公司推出潜伏顶升 AGV、无人驾驶牵引车、网络货运平台、网联化玻纤托盘等数十款科技展品，为行业、合作伙伴展示最新的产品和应用。其中，"赛马"潜伏顶升 AGV 是长安民生物流自主设计开发的一款基于二维码、惯性导航融合定位导航的 AGV。通过基于激光雷达、惯性导航、二维码等多传感器融合的定位系统，使其导航精度达到厘米级。同时适配自主研发的 RCS、WCS、WMS 和 WES 系统，能对库位进行实时检测和多规模调度，完成无人仓送货取货，进一步实现全域"无人化"。

（1）AGV。

1）AGV 的概念。自动导引车（Automated Guided Vehicle，AGV）如图 6-2 所示。AGV 属于轮式移动机器人（Wheeled Mobile Robot，WMR）的范畴，指装备有电磁或光学等自动导引装置，能够沿规定的导引路径行驶，具有安全保护以及各种移载功能的运输车。AGV 是现代物流系统的关键装备，它以电池为动力，装有非接触导向装置、独立寻址系统等。

2）AGV 的组成。从系统角度看，AGV 主要包括两大部分，即基础硬件和控制系统。

图 6-2　AGV

AGV 基础硬件主要包括小车车体、电池和充电装置、驱动装置、导向装置、车载控制器、通信装置、安全保护装置、移载装置、信息传输与处理装置等。

AGV 控制系统主要包括 AGV 地面管理系统、AGV 车载控制系统、AGV 自主定位及导航系统、AGV 运动控制驱动系统、AGV 能源系统、AGV 无线通信系统等。

3）AGV 的分类。

① 按导引方式分类。AGV 按导引方式主要分为视觉导引、光学导引、惯性导引、电磁导引、激光导引、超声波/红外导引、混合导引等类型，见表 6-1。

表6-1　AGV按导引方式分类

类别	特点
视觉导引AGV	利用相机或其他视觉传感器进行导引和环境感知（如二维码导引）
	通过图像处理和计算机视觉算法实现地标识别和路径规划
	适应能力较强，可应对变化的环境和任务需求
惯性导引AGV	使用惯性导航传感器（如加速计、陀螺仪等）进行导航
	基于车辆的加速度和角速度信息，实现位置和姿态的估计
	不依赖外部地标和参考，适用于室内环境或没有明显地标的场景
电磁导引AGV	通过磁性信号进行导航和定位
	在地面或埋入地面的磁条上设置磁场信号，AGV根据磁场进行导引和定位
	电磁导引系统简单、稳定、可靠，适用于固定路径和封闭环境
激光导引AGV	使用激光传感器进行导航和环境感知
	通过激光束扫描环境，实时获取地标和障碍物信息
	高精度定位和导航能力
	适用于复杂环境和精确路径规划
超声波/红外导引AGV	使用超声波或红外线传感器进行环境感知和避障
	通过测量反射信号或物体的距离，实现障碍物检测和避让
	适用于近距离环境感知和避障，如狭小通道和狭窄空间
混合导引AGV	结合多种导引技术，如激光、视觉、惯性导航等
	利用多个传感器和算法进行综合导航和环境感知
	提供更高的灵活性和适应性，适用于复杂环境和多样化任务需求

② 按移载方式（执行机构）分类按移载方式主要划分为叉车式、潜伏顶升式、翻盘式、牵引式、背负式、推挽式、龙门式等类型，见表6-2。

表6-2　AGV按移载方式分类

类别	特点
叉车式AGV	叉车式有落地叉式、平衡叉式等类型，可以完成托盘及类似物料的平面搬运和堆垛，适用于仓储和生产线上物料自动搬运堆垛
潜伏顶升式AGV	通过潜入分拣设备或者输送设备下进行顶升取货，特点是车身薄，可以双向行驶，适用于托盘或货架货物搬运。如货到人拣选系统中的KIVA机器人和类KIVA机器人
翻盘式AGV	AGV上装有可以翻转的货盘，货物放置在托盘上搬运至指定位置，通过翻盘作业投放到指定地点。京东"小黄人"系统搬运机器人就属于这种类型，广泛应用于大型配送中心货物分拣
牵引式AGV	牵引式是指不承载或不完全承载搬运对象重量的AGV。其尾部安装自动或手动脱钩机构，可在AGV尾部拖挂物料车进行物料配送，比较灵活，适用于较大批量的货物搬运
背负式AGV	AGV背负一个或多个辊筒或链条输送设备，可实现货物在输送线上的衔接，适用于在无人工干预的情况下实现全自动上下物料及托盘货物等
推挽式AGV	AGV采用双侧移动伸臂设计，推拉托盘货物，托盘在辊道上滚动，可实现在同高站台之间的货物搬运，作业效率高，站台不需要动力，适合多站台之间的货物搬运
龙门式AGV	有龙门式框架结构，单侧落地移动铲叉，可进行高低站台装卸货物。转向灵活，适合有不同高度要求的货位之间的货物装卸

4）AGV的工作原理。AGV作为无人自动导引搬运车，集声、光、电、计算机技术于一体，应用了自控理论和机器人技术，装配有电磁或光学等自动导引装置，能够按照使用人员

设定好的导引路径行驶，具备完成目标识别、避让障碍物和各种移载功能，同时具有自我安全保护的应急能力。

AGV 一般由导向模块、行走模块、导向传感器、微处理器、通信装置、移载装置和蓄电池等构成。微处理器是控制核心，把 AGV 的各部分有机联系在一起，通过通信系统接收地面管理站传来的各种指令，同时不断地把小车的位置信息、运行状况等数据传回地面站，控制整车的运行。AGV 首先要根据模拟工作地图进行编程，然后按照预定程序完成行走轨迹，当传感器检测出的位置信号超出预定轨迹位置时，数字编码器把相应的电压信号送给控制器，由控制器根据位置偏差信号调整电动机转速，纠正偏差，从而实现 AGV 行走系统的实时控制。

（2）RGV。

1）RGV 的概念。有轨制导车辆（Rail Guided Vehicle，RGV）如图 6-3 所示，是一种智能化的物流输送设备。它通过铁轨行车，可以自动将物料从一个地点运输至另一个地点，实现自动化的物料搬运流程，它具有叉车无须进入巷道的优势，配合小车在巷道中的快速运行，有效提高仓库的运行效率，提升整个生产制造流程的自动化和智能化程度，是现代工业智能化和自动化的代表性设备之一。

图 6-3　RGV

2）RGV 的组成。

① 载货平台：负责承载物料，通常由可编程序控制器（PLC）控制运作。

② 导轨：铁路轨道系统，RGV 依靠此轨道行驶并定位。

③ 传动系统：使载货平台沿着导轨移动，主要由驱动轮、传动链、电动机等构成。

④ 控制系统：负责监控、指导整个系统的运作，控制平台的载货运动和逻辑过程。

3）RGV 的工作原理。RGV 的工作原理是依靠控制系统对铁路轨道和载货平台进行控制和监控，实现物流输送过程的自动化和智能化。RGV 基于 RFID 技术进行轨道控制，实现移动和定位，配备了传动系统和载货平台，以电动机为动力源，通过传动链把驱动轮固定在导轨上，沿着导轨移动。同时，RGV 配备了控制系统，可以监控整个系统的运作，以 PLC 为控制核心，实现载货平台的运动和逻辑过程。在实际的运行过程中，控制系统通过感知器感知载货平台的位置、载物量、数量等信息，并将这些信息反馈给控制器，从而实现对 RGV 运动和物料搬运过程的监控和控制。当 RGV 到达目的地时，控制系统会自动开启夹爪，卸货完成后返回初始位置，同时再次判断是否有货物需要搬运。

4）RGV 的工作过程。

① 准备阶段：操作员将需要处理的物料放在指定的工作点，再将对应的处理工序输入系统中。如果 RGV 处于工作流程的中间环节，只需确保物料流转至此环节且相应的处理工序已提前预设好，即可完成准备阶段。

项目6　自动输送设备的认知与运维

② 调度阶段：系统自动下发指令，根据操作要求，在工作线上发起调度指令，使 RGV 到达指定的工作点，同时根据实际情况进行预测、规划和调度。

③ 搬运阶段：载货平台在导轨上沿着指定的路径，自动移动到物料所在的工作点，利用机械臂、传感器、传送带等自动完成物料的装载、卸载和搬运等操作。

④ 运送阶段：载货平台载着物料经过运输到达指定的工作点并实现物料与装置之间的转移。

⑤ 返空阶段：载货平台完成了任务后，自动返回空车道进行下一次任务准备。

整个过程中，RGV 可以自动完成物料的搬运、转运、装载、卸载等多个环节，并且可以根据不同的工作需要进行智能优化和调整。

6. RFID 技术在自动输送设备系统中的应用

射频识别（Radio Frequency Identification，RFID）技术在自动输送设备系统中的作用是进行数据传输和物品识别。RFID 系统可以获取物品的识别码，并在自动输送设备的控制系统中进行处理和储存。通过这种方式，RFID 技术可以实现对于物品的准确识别、实时监控和精准控制。

在自动输送设备系统中，采用 RFID 技术可以对物流运输过程进行单个物品的追踪，RFID 电子标签中储存的信息可以随着物料的流转而流转，并通过上游系统的处理做到信息协同。RFID 技术可以让自动输送设备系统更加智能化、高效化、透明化、安全化，以提高运作流程的安全性和节约时间成本。

RFID 技术在自动输送设备系统中发挥了非常重要的作用，它可以实现对运输物品的识别、监控和控制，是自动化物流系统中关键的信息传输方式。

任务实施

认识自动输送设备系统

（1）工单（见表 6-3）

表 6-3　工单

公司			编号	
设备管理工作任务单				
申请部门：仓管部门				申请日期：
实施名称	认识自动输送设备系统		要求完工日期	
实施背景	随着电子商务的发展，公司拣货部日均业务量激增至 12 000 箱，领导决定召开研讨会，商议引进自动输送设备。小李作为拣货部的技术人员，需要上网搜集不同种类自动输送设备的资料			
辅件申请	无			
	工作流程			辅助工具
1	填写自动输送设备系统基本构成图			计算机、互联网
2	调查自动识别装置的工作原理			
3	调查主输送装置的常见类型			
4	调查分拣道口的组成部件			
5	调查某大型配送中心自动输送设备的情况，总结其优缺点			

123

智能仓储设备运行与维护

(续)

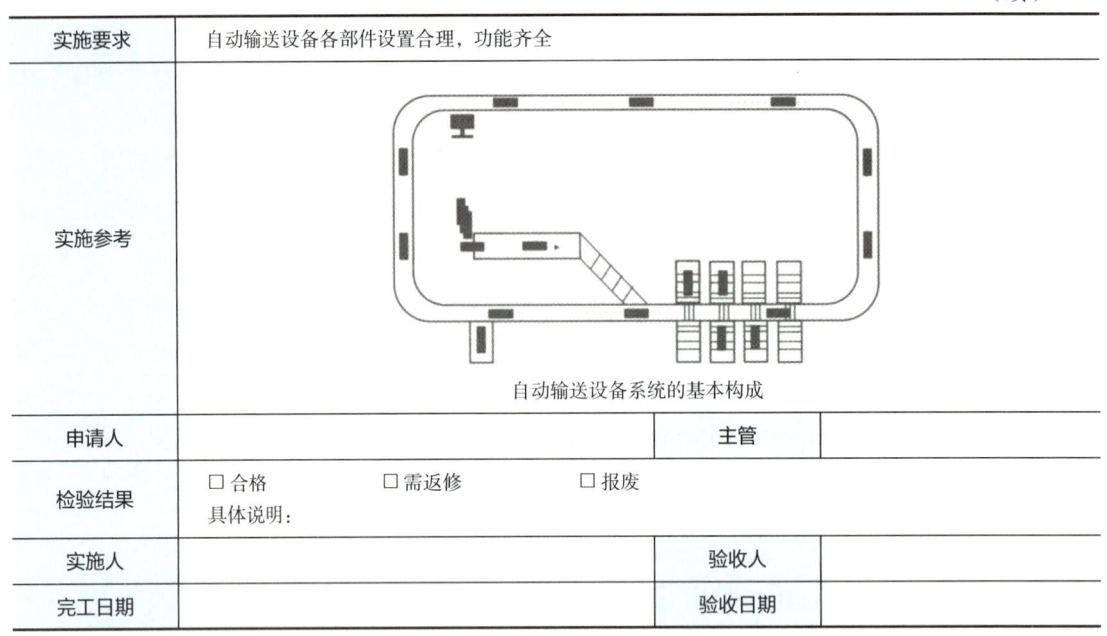

实施要求	自动输送设备各部件设置合理，功能齐全		
实施参考	自动输送设备系统的基本构成		
申请人		主管	
检验结果	□合格　　　□需返修　　　□报废 具体说明：		
实施人		验收人	
完工日期		验收日期	

（2）实施过程

① 填写自动输送设备系统基本构成图，如图6-4所示。

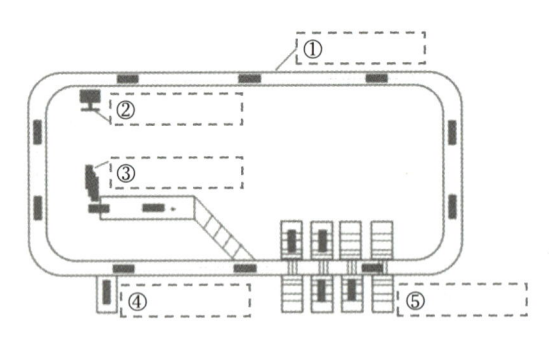

图6-4　自动输送设备系统基本构成图

② 调查自动识别装置的工作原理。

_____

_____

_____

③ 调查主输送装置的常见类型。

_____

_____

_____

4 调查分拣道口的组成部件。

_____

_____

5 调查某大型配送中心自动输送设备的情况,总结其优缺点(不少于200字)。

_____

_____

_____

_____

任务评价

任务评价表见表6-4。

表6-4 任务评价表

阶段	序号	评分标准	配分	自评	教师评价
职业素养	1	积极参与团队任务,分工明确,团队协作高效	10		
	2	责任心强,勇于承担责任,不推卸问题和责任,对执行结果负责	10		
知识技能掌握	1	了解自动输送设备的概念与特征	10		
	2	了解自动输送设备的工作原理	10		
	3	了解自动输送设备的技术参数	10		
	4	了解AGV和RGV相关内容	10		
实训成果	1	完成自动输送设备系统基本构成图	20		
	2	能够正确填写学习工单	10		
	3	调查某大型配送中心自动输送设备情况的案例内容合理、准确	10		
		合计			

任务2 自动输送设备的点检与维护

任务描述

本任务主要通过对立体库中自动输送设备的日常操作与维护的讲解,使学生具备基本的常规作业能力和点检能力,提升学生在操作智能仓储设备时的安全维护意识。

如图6-5所示,自动输送设备就像智能立体仓库中的"血管",负责物料在库内的输送,其贯穿入库、盘点、出库、分拣等仓储环节。某企业智能仓库的输送线由于长时间运行没有进行维护,导致部分部件出现故障。企业决定对该输送线进行一次较为彻底的检修工作,李工作为设备管理员,被分配的主要任务就是针对输送线的机械、电气、运行等方面进行检查和保养。

图 6-5 自动输送设备

任务目标

- 了解智能仓储设备的点检要求。
- 了解同步带的应用场景、平行输送带的检查点。
- 掌握同步带、平行输送带的异常处理方法。
- 掌握步进电动机的系统故障处理方法。
- 能够对自动输送设备进行点检以及日常维护。

任务准备

- 教学场地:设备实训室。
- 硬件系统:BTB 智能仓储设备——自动输送线。
- 工具辅件:劳保服、安全帽、手套、擦拭纸、扳手、润滑油、游标卡尺、托盘、水平尺。
- 准备操作:实训指导教师课前将某一个/几个输送模块的位置做微调,使其不能正常进行物料传输。

任务分析

此任务是围绕智能仓储自动输送设备运维的综合实训,内容包括智能设备的点检、同步带的应用及异常处理、平行输送带的检查点及异常处理、步进电动机系统故障诊断及处理。任务需要实施者对输送线的组成、结构较为熟悉,在实施过程中不仅需要学生掌握点检的要求以及主要点检内容,还需要具备典型机械结构(如同步带、平行输送带)以及电气控制系统异常的处理能力,然后实施输送线检修以及日常维护的工作任务。整个实施过程较为考验实施者的安全意识及动手操作能力。

课时安排

建议学时共 4 学时,其中相关知识学习建议 2 学时;学员练习建议 2 学时。

知识储备

> **素养案例**
>
> 在中国浩如烟海的历史文献和文物中，埋藏着一些惊人的"神器"：指明方向的指南车、流光飞舞的走马灯、高达 10 米的自动钟……它们闪耀着"高科技"的光辉，其中蕴含的自动化技术，启发了现代的生产方式和机械设计。在当今追求高效率、高质量的时代，自动输送设备成为制造业、物流业等众多行业的得力助手。据报道，云南交通运输职业学院学生李桥江带领其团队从农民实际需求出发，研发蔬菜自动输送设备，可在 20 分钟内运输完一亩大棚的蔬菜，实现蔬菜大棚内输送的全自动作业，让蔬菜的采摘流程和输送流程更流畅。从指南车、走马灯、自动钟到现在的自动输送设备，无不展现着大国工匠精神的卓越传承与不断创新。

1. 智能设备的点检

（1）什么是点检。为了维持生产设备的原有性能，通过人的五感（视、听、嗅、味、触）或简单的工具、仪器，按照预先设定的周期和方法，对设备上的规定部位（点）进行有无异常的预防性周密检查，以使设备的隐患和缺陷能够得到早期发现、早期预防、早期处理，这样的设备检查称为点检。

（2）点检的分类。按作业时间间隔和作业内容的不同，点检分为日常点检和定期点检两类。

1）日常点检。作业周期在一个月以内的点检为日常点检（也称日常检查）。日常点检的对象为在用的主要生产设备，由设备操作人员根据规定的标准，以感官为主，借助便携式仪器，每日一次或数次对设备的关键部位进行技术状态检查和监视，了解设备在运行中的声音、动作、振动、温度、压力等是否正常，并对设备进行必要的简单维护和调整，检查结果记入日常点检卡中。日常点检的目的是及时发现设备异常，防患于未然，保证设备正常运转。

日常点检的作业内容比较简单，作业时间也较短，一般可在设备运行中进行，所以对生产影响不大。

2）定期点检。作业周期在一个月以上的点检为定期点检或计划点检。定期点检由设备维修人员和专业检查人员根据点检卡的要求，凭感官和专用检测工具，定期对设备的技术状态进行全面检查和测定。除日常点检的工作内容外，其检查作业主要是测定设备的劣化程度、精度和功能参数，查明设备异常的原因，记录下次检修时应消除的缺陷。定期点检的主要目的是确认设备的缺陷和隐患，定期掌握设备的劣化状态，为进行精度调整和安排计划修理提供依据，使设备保持规定的性能。

设备定期点检的对象主要是重点生产设备，其工作内容比较复杂，工作时间较长，一般需要停机进行，所以必须与生产计划协调编制点检计划。

（3）点检的主要环节。设备点检的内容因设备种类和工作条件不同而差别较大，但各类设备的任何点检都必须做好以下几个环节的工作。

1）确定检查点。一般应将设备的关键部位和薄弱环节列为检查点。要合理确定检查点的部位和数量，检查点选择不当或数量过少，难以达到预定的目标；检查点过多势必造成经济上不合理。检查点一经确定，不应随意变更。

2）确定点检项目。确定点检项目就是确定各检查点的作业内容，如温度、振动、噪声、泄漏、压力、磨损情况等。确定检查项目时，除依据必要性外，还要考虑点检人员的技术水平、检测工具的配套情况。点检项目确定后，应将其规范化并登记在点检卡中。

3）制定点检判定标准。根据设备制造厂家提供的技术要求和实践经验，制定出各检查项目是否正常的判定标准。判定标准要尽可能定量化，如磨损量、偏角、压力、油量等均应有确切的数量界限，以便于检测和判定。制定的判定标准要附在检查项目表内。

4）确定点检周期。点检周期应在保证生产的前提下，依照生产工艺特点和设备说明书的要求，并结合故障与磨损倾向、维修经验等来确定，切不可过长或过短。点检周期过长，设备异常和劣化情况不能及时发现，失去了点检的意义；点检周期过短，会加大检查工作量，增加费用支出。

点检周期的最后确定，需要一个摸索试行的过程，一般可先拟定一个点检周期试行一段时间（如一年），再通过对试行期间的维修记录、故障和生产情况等进行全面的分析研究，确定一个切合实际的点检周期。

5）确定点检方法和条件。根据点检的目的和要求，规定各检查项目所采用的检查方法。检查方法和作业条件确定后，就成为规范化的作业程序。例如，是凭感官检查还是用检测仪器检查，是停机检查还是不停机检查，一经确定，不得随意改动。

6）确定点检人员。所有检查任务必须落实到人，也就是明确各种点检任务的执行人员。日常点检工作一般应由设备操作人员负责，因为他们对设备的性能和技术状况十分熟悉，易于及时发现问题。同时，也有利于推行设备全员管理。

由于定期点检工作内容复杂、作业量大、技术要求高，应由设备维修人员和专职点检人员负责，以保证检查的质量和效率。确定点检人员时，要与一定形式的责任制度相结合，力求做到责任明确、要求具体、任务落实。

7）编制设备点检卡。为了指导设备点检工作，需要将各检查点、检查项目、检查周期、检查方法、判定标准以及规定的记录符号等内容编制成规范的点检卡，作为点检人员进行检查作业的依据。点检卡既是考查点检工作执行情况、统计设备维修资料、进行设备技术状态分析的原始记录，又是维修控制和管理中的重要技术文件。编制点检卡时，文字和符号要力求准确具体、简明规范，以便于掌握和使用。

8）做好点检管理工作。企业要建立健全各级点检管理组织机构，形成设备点检管理网络；制定有关人员的岗位责任制，做到职责落实，奖罚分明；加强信息反馈和管理，定期汇总、整理各种点检记录，并按要求分类归档。生产部门要做好日常巡检和点检的检查、考核和奖评工作，同时，还要着重解决和防止四个问题：①防止不到现场的谎检；②防止判断不准确的误检；③防止已列入检查点的重要部位的漏检；④防止查出的问题总得不到解决的虚检。

维修部门负责做好定期点检的检查、考核和奖评工作。

（4）点检工作要求。

1）日常点检工作的主要内容。

① 设备点检——依靠五感（视、听、嗅、味、触）进行检查。
② 小修理——小零件的修理和更换。
③ 紧固、调整——弹簧、传动带、螺栓、制动器及限位器等的紧固和调整。
④ 清扫——隧道、地沟、工作台及各设备的非解体清扫。
⑤ 给油脂——给油装置的补油和给油部位的加油。
⑥ 排水——集气包、储气罐等排水。
⑦ 使用记录——点检内容及检查结果作记录。

2）点检的十大要素（点检项目）。
① 压力——是否在要求范围内（不超压）。
② 温度——是否在要求范围内（不超温）。
③ 流量——是否异常变化（忽高或忽低）。
④ 泄漏——无泄漏。
⑤ 给脂状况——润滑良好。
⑥ 异音——无异音。
⑦ 振动——振动频率符合要求（无异常振动）。
⑧ 龟裂（折损）——无明显裂纹和损坏。
⑨ 磨损——磨损量符合要求。
⑩ 松弛——紧固件无松动、连接件无松弛。

2. 同步带的应用及异常处理

同步带也称正时带，它与常见的 V 带、平带等带传动方式相似，是一种挠性传动形式。同步带（见图6-6）以钢丝绳或玻璃纤维绳为强力层，外面覆以聚氨酯或氯丁橡胶，带的内周制成齿形，使其与带轮啮合。由于强力层承载后变形小，能保持同步带的周节不变，故同步带与带轮间没有相对滑动，从而保证了同步传动，传动比恒定。

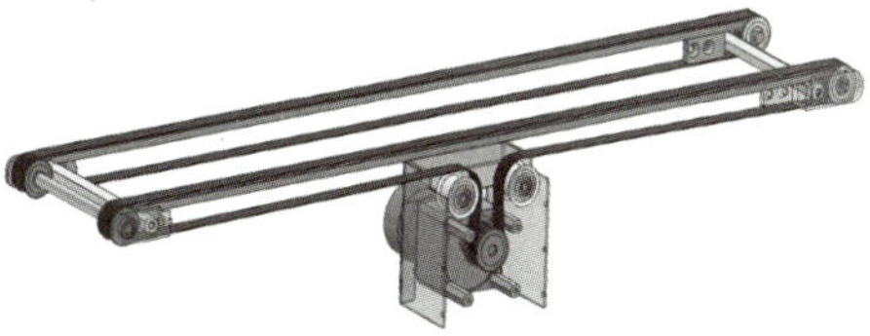

图6-6 同步带

（1）应用。
1）动力传动。安装在电动机和转轴上传递旋转力，通过主动带轮带动从动带轮进行传动。
2）直线驱动。用于传输定位精度高的反复运动。
3）变换位置。用于改变整个传动系的位置。
4）传输。

（2）维护保养。
1）请勿用力弯折同步带。
2）当同步带芯线为钢制时，需要避免从背面进行张紧。
3）避免在超过使用温度范围的极端高温或低温、潮湿环境中使用。特别需要注意的是，不要使油附着在同步带上，否则会使同步带产生膨润，明显缩短同步带的使用寿命。
4）安装、维护、检修时，务必切断电源，并确认机器已经处于完全停止状态后，再进行作业。

（3）同步带的张紧力。根据同步带的摩擦传动原理，同步带必须在预张紧后才可以正常工作。但是在运转了一定的时间后，同步带会有松弛的现象发生。为了保证同步带的传动能力，就必须重新张紧同步带，这样才能保证同步带正常工作。

同步带张紧力过大或者过小对同步带的使用会有很大影响，具体如下：

1）虽然同步带齿底与带轮齿顶之间也存在少量摩擦传动，但其主要是靠啮合传递动力。因此，它不像摩擦传动带那样需要很高的初张紧力，而且过高的张紧力对于同步带具有一定的危害性。

2）同步带会曲折成以带轮齿顶为顶点的多边形，容易造成芯线的驱挠疲劳。

3）同步带轮齿顶对带齿底的压力也增大了，进一步缩短了带的寿命。

4）传动噪声增大。

5）使轴承受的压力增大，轴承容易损坏。

6）由于轴的摩擦和带的摩擦增大，传动能力的损失也大。

7）同步带节距相应变大，从而使带齿与带轮的啮合干涉加剧，导致齿根裂纹和齿的磨损过早出现。

8）初张紧力过小，会使带在运转中发生跳齿现象。在跳齿瞬间，可能因张紧力过大而使带过早断裂。

9）系统传动精度变差。

10）振动及噪声变大。

11）同步带节距相应变小，在带轮齿数较多的情况下会发生啮合干涉现象，导致齿过早磨损。

一般情况下同步带越长，传动所导致的松弛就会越明显，负载也会对同步带的松弛产生一定的影响。如果长时间超负载传动，也会导致同步带的松弛加快。总体来说，长期使用会导致啮合不良，从而影响传动精度。可以添加一个张紧装置来解决同步带的松弛问题。常见的张紧装置有定期张紧装置、自动张紧装置和张紧轮。

（4）故障及解决方案。同步带传动机构故障原因及解决方案见表6-5。

表6-5 同步带传动机构故障原因及解决方案

故障现象	故障原因	解决方案
同步带早期断裂	负载过大或意外事故使从动带轮停转，从而大大增加了负载力	搬运、保管、安装操作时，应小心谨慎
同步带带边磨损	带轮的平行度超差	对带轮进行校正定位
	轴承刚性不足	增加轴承的刚性，并固定牢靠
	带轮挡边弯曲	修正挡边或更换带轮
	带轮的直径比同步带宽度小	更换合适宽度的同步带
同步带齿面磨损	负载过大，安装与运行方向有偏差	重新调整安装位置
	同步带张紧力过大	调整同步带张紧力
	掺入磨损性粉层	改善环境或增加防护罩
	轮齿粗糙	修光轮齿或更换带轮
同步带带齿断落	跳齿	适当调整张紧力
	被动机械事故使负载增加	排除被动机械故障

（续）

故障现象	故障原因	解决方案
同步带背胶磨损和龟裂	外张紧轮转动受阻	修理或更换张紧轮轴承
	外张紧轮定位失准	修正张紧轮位置
	碰到机械的框架	检查并修正机械部位
	长期处于低温状态	改善环境温度
带背胶软化	高温	改善环境温度
	粘上油类	不要粘上油类或改换耐油同步带
同步带纵向龟裂	同步带超出带轮的边缘运转	调整带轮的位置
	同步带卷上了带轮的挡边	增强轴承刚性，并固定牢靠
	安装同步带时，强行越过带轮挡边	拆下挡边；缩短轴间距离，装上同步带；放松张紧轮，装上同步带
抗张体部分断裂	未正确装卸同步带	正确装卸同步带
	掺进杂物或尖锐锋利的残渣	改善环境或增加防护罩
运行时噪声过大	同步带张紧力太大	降低张紧轮（不跳齿为准）
	两轴的平行度超差	调整带轮的定位
	同步带与带轮啮合不良	检查同步带与带轮

3. 平行输送带的检查点及异常处理

平行输送带又称运输带（见图6-7），是输送带中起承载和运送物料作用的橡胶与纤维、金属复合制品，或者是塑料和织物复合制品。其输送原理与同步带相似，主要区别在于平行输送带的输送面是平面，支持各种形状的物料输送，但由于散热等问题使得传送速率较低；而同步带的输送对象一般为托盘或者固定尺寸的料箱，由于散热较好，使其可以达到更高的输送效率。

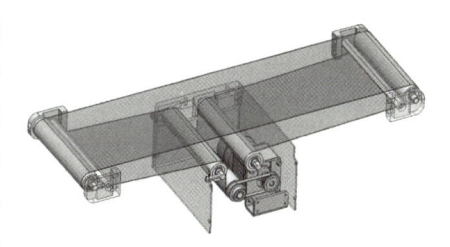

图6-7 平行输送带

（1）平行输送带检查点。加强对输送带、输送机的定期检查和保养，能够延长输送带的使用寿命。检查输送带时，主要检查以下几个部位。

1）承载点。承载点是输送带最易损坏的部位。带速、物料粒度、冲击力和运行的方向都对承载点有很重要的影响。落料口导料槽接收端的宽度应该足够大。如果在输送带运行方向成夹角地装载物料，只会加剧带表面的磨损。物料对带的冲击、承载中心的偏移，会使带在托辊上跑偏，进而损坏带边胶，还会加剧带局部面胶的磨损。

当输送一些比重大、棱角尖锐的物料时，会产生一定的冲击或滑动，也会划破和磨损带表面。减少这种磨损的一般方法是，先把粉状物料放在输送带上，接着再装入大块物料，这样粉状物料就起到缓冲垫的作用，从而保护了输送带。在落料槽处还需要设置一定间距的筛条，细碎物料通过筛条的缝隙先落到输送带上形成一个垫层，大块物料经过筛条降速后，缓慢地落到垫层上，这样可以有效减少物料对带的冲击。

2）导料槽。导料槽是引起带表面磨损的另一主要原因。导料槽离胶带越近，磨损就会越严重。导料槽不能与带直接接触，底部边缘与带间应有一定的间隙。导料槽下部边缘的橡胶挡板需要经常检查，防止物料卡住。装载点装置的固定部分与输送带表面也不能接触，更不允许物料在导料槽内卡住。

3）辊筒。所有的辊筒都应该转动灵活。辊筒直径选择不当，将会严重影响带的使用寿命。如果辊筒上附着物较多，就会导致输送带跑偏、覆盖胶异常磨损、带芯局部疲劳甚至破裂等问题，因此应经常检查辊筒并及时清除异物。主动辊筒包胶护套可以增大摩擦系数，降低张力，减少湿润条件下引起的打滑。胶套开槽改善套上和带子上的清洁效果，延长辊筒寿命。当辊筒外包胶套异常磨损时，应尽快更换。

4）上、下托辊。检查托辊时，应清除附着在托辊表面的异物，特别是注意下托辊，附着物有时会导致输送带跑偏，造成带边损伤。对于损坏的、转动不灵活的托辊，必须及时更换。此外，应严格遵守托辊的管理及润滑的规定：黄油注入太少则润滑不够；黄油注入太多会漏到输送带上，输送带表面沾上黄油和润滑油后，橡胶变软膨胀、脱层、剥落，甚至使输送带与带轮转动不同步，导致橡胶带发生异常磨损。上托辊的位置不同及倾斜弯曲部位（曲率半径）设置不当，会使带产生异常屈挠，从而使带非工作面磨损加剧，产生纵裂。托辊表面粘有物料时，托辊会隆起，使带在运行中跳动将物料洒落，甚至导致皮带损伤，所以必须及时清除。

5）张紧装置。除检查张紧装置能否动作、行程大小、导向架滑动状况是否良好等，还需要定期向导向架注油。张紧行程不足会降低张紧装置的安全性。张力过大，会加快输送带疲劳，从而使输送带的延伸率增大，最终影响输送带的正常工作，必要时需重新胶接。张力过小，带在驱动辊筒部位打滑，同样会加快输送带磨损。因此，应及时调整张紧装置的张力或行程。

6）输送带。输送带的检查包括上下表面是否损伤、带边是否损伤、带芯骨架是否损伤，检查接头部位是否有脱扣、开胶、分层、开口、位移、偏斜等现象。发现破损现象时应立即进行简单的修补，当破损较大时，应立即停车进行彻底修补，破损严重则必须更换。

（2）故障及解决方案。皮带传动机构故障原因及解决方案见表6-6。

表6-6 皮带传动机构故障原因及解决方案

故障现象	故障原因	解决方案
输送带在设备某一部位单方向跑偏	输送机架弯曲	检查弯曲部位，调整机架直线度和水平度
	跑偏部位之前的托辊与输送带运行方向不垂直	调整托辊与输送带运行方向，使其保持垂直
	托辊上有块状附着物	需及时清除附着物，安装刮板和其他清扫装置
	托辊转运不畅	加强托辊润滑
	辊筒的中心偏移或粘有物料	调整辊筒中心、安装刮板、去掉块状附着物
	投料装置位置偏移	校正投料装置的位置
输送带的特定部位在机体全长范围上跑偏	输送带接头弯曲	修理接头，改善接头附近带体的直线度
	输送带本身直线度不足	使用自动调节中心辊
输送带全体跑偏	输送机机架弯曲	检查调整输送机全长范围的直线度和水平度
	物料装载位置不正	改进投料位置
	出现时偏时不偏，一般是风的原因引起的	安装防风罩和自动调节中心辊
	一侧托辊下降所致	左右托辊需要调整到同一高度

项目 6　自动输送设备的认知与运维

（续）

故障现象	故障原因	解决方案
输送带运行不平稳	输送带比较硬，使用初期成槽性不好导致不平稳	使用数日之后即可自行消除
	长时间后仍有不平稳现象	安装自动调中心辊，不可调正时需更换输送带
上覆盖胶出现划伤、撕裂、剥离、异常磨损	挡板长度不足	调整挡板长度，直到输送带上的物料稳定为止
	挡板的开口宽度不合适	挡板的开口宽度应该是输送带宽度的 3/4～2/3，输送块状物料时更窄一些。挡板最好呈扇形（开口顺着运行方向），并能调整开口大小
	输送带和挡板的间隔不合适	先把挡板的输送带运行方向一侧与输送带相触，之后慢慢加大间隔到适当位置，以减少挡板对输送带的磨损
	挡板的材质不合适。挡板材质过硬，或者使用旧输送带而输送带骨架露出，以致直接与输送带接触	选用合适的橡胶挡板
	投料方向不合适，即物料落下的方向与输送带运行方向不同，以致产生横向力，使输送带跑偏或受磨损加剧	调整落料方向
	物料的落料角度和落差不合适	应减少角度，使物料落在输送带上不弹跳。落差大而输送带受到很大冲击时，应采取措施，以降低投料时的速度
	物料的落料速度不对所致，由于物料的落料速度和输送带的速度调整得不好，物料落在输送带上的瞬间打滑	调整落料速度，使之与输送带速度一致
	下托辊粘有物料，不转动或没调整好，上覆盖胶异常磨损	安装清扫器、清洗输送带、在返回辊上安装橡皮套、修理或更换返回辊
非工作面覆盖胶严重磨损	托辊及辊筒表面状态不良	托辊和辊筒破损、有附着物，需要修理，必要时安装消除附着物的挡板
	托辊转动不良	应搞好维修，加强润滑
	成槽托辊过于倾斜	加以调整使之与输送带方向垂直，误差不超过 2°
	输送带在驱动辊筒上打滑	应检查张力是否正常，并适当加大张力；还可以在驱动辊筒上包橡胶或使用压紧辊筒来增大包角
输送带的边缘损伤	输送带边胶在辊筒或机架上过度摩擦或弯曲	检查输送带是否跑偏并进行修理
	头部辊筒前的第一成槽托辊离头部辊筒过近或过高	调整托辊位置
输送带伸长过长	张力过大	尽量减少张紧负荷；用胶面滚筒或增加包角，以改善驱动效率，减少张力；使托辊转动良好，尽量减少输送带运行时的负荷；用同一速度，但减少输送量；不改变输送量而加大输送带速度
输送带的带芯损伤	输送带跑偏挤压机体，严重时会导致纵向撕裂	采取前述各项防止输送跑偏措施
	投料部位的铁件所致	需除去铁件，并在这类故障发生较多处，使用金属检验或磁力分离器装置
	输送带与带辊筒之间挤夹着物料，以致戳伤输送带	在尾部辊筒返回侧安装刮板；落料口处的托辊下与回程输送之上插入铁盖板
	输送带受大块物料冲击	改进投料装置减少冲击，还可使用缓冲辊筒
下覆盖胶膨胀	托辊注油过多，或从机体其他部位粘上润滑油/脂	减少润滑油使用量，并使油封完好无损

133

（续）

故障现象	故障原因	解决方案
接头断裂	对于整芯带，接头卡子选型不对或固定不牢	改用合适的卡子，定期检查接头部位，把卡子固定好
	张力过大	检查核对输送带张力，采取前述张力过大的解决办法
	接头不牢固	改用硫化接头，用叠压式搭接法或使用增强布
覆盖胶与布层间有异物膨胀	层间黏着力过低，带体内有未排出空气，或耐热带温度过高，局部覆盖胶被化学物质侵蚀	在膨胀部位扩展前迅速进行修理

4. 步进电动机系统故障诊断及处理

（1）步进电动机故障与处理。步进电动机常见故障原因与解决方案见表6-7。

表6-7 步进电动机常见故障原因与解决方案

故障现象	故障原因	解决方案
起动和运行速度慢	轴承损坏	更换新轴承
	端盖止口与定子外壳不同心	更换新端盖，新端盖止口车削要按外壳止口公差尺寸配车
	转轴变弯	采用调直方法调直弯曲端或更换新轴
运行中失步	大惯性负载	采用机械阻尼方法消除或吸收振荡能量；通过加大负载的摩擦力矩，消除失步
	原先采用双电源供电的，现改为单电源供电	重新恢复双电源供电
定子控制绕组开路	引线接头处断开	用万用表电阻挡位检测，找到故障处，将断开两头漆皮刮掉后拧紧再焊牢，包上绝缘布
	焊接处全脱焊	
电动机过热	轴承损坏、转轴弯曲等机械故障造成定转子相擦而过热	见"起动和运行速度慢"故障现象对应的解决方案
	润滑油脂过多或干涸	更换变质、干涸的润滑脂

（2）驱动器故障与处理。为了保证物料输送的精确，输送链的驱动电动机均由步进电动机来执行。步进电动机驱动器常见故障原因与解决方案见表6-8。

表6-8 步进电动机驱动器常见故障原因与解决方案

故障现象	故障原因	解决方案
电动机不转	未通电	正常供电
	电流设定太小	根据电机额定电流，选择合适电流挡
	驱动器已保护	排除故障后，重新上电
	使能信号为低	此信号拉高或不接
	控制信号问题	检查控制信号的幅值和宽度是否满足要求
电动机转向错误	电动机线接错	任意交换电动机同一相的两根线（例如 A+、A- 交换接线位置）
	电动机线有断路	检查并接对
报警指示灯亮	电动机线接错	检查接线
	电压过高或过低	检查电源电压
	电动机或驱动器损坏	更换电动机或驱动器

项目6 自动输送设备的认知与运维

（续）

故障现象	故障原因	解决方案
位置不准	信号受干扰	排除干扰
	屏蔽线未接或未接好	可靠接地
	细分错误	正确设置细分
	电流偏小	适当加大电流
	控制信号问题	检查控制信号是否满足时序要求
电动机加速时堵转	加速时间太短	适当延长加速时间
	电动机转矩太小	选大转矩电动机
	电压偏低或电流太小	适当提高电压或设置更大的电流

任务实施

自动输送设备的点检与维护

（1）工单（见表6-9）

自动输送设备的点检与维护

表6-9 工单

公司			编号	
设备管理工作任务单				
申请部门：仓管部门				申请日期：
实施名称	自动输送设备的点检与维护		要求完工日期	
实施背景	某企业智能仓库的输送线由于长时间运行没有进行维护，导致部分部件出现故障。企业决定对该输送线进行一次检修工作，李工作为设备管理员，被分配的主要任务就是针对输送线的机械、电气、运行等方面进行检查和保养			
辅件申请	劳保服、安全帽、手套、擦拭纸、扳手、润滑油、游标卡尺、托盘、水平尺			
工作流程				辅助工具
1	输送线设备整体检查			扳手、润滑油
2	输送模块衔接检查			水平尺、托盘
3	传感器感应检测			托盘
4	电动机、气缸运行检测			
5	传动带状态检测			游标卡尺
6	检测结果记录及异常处理			点检表
实施要求	点检之后，需要将自动输送设备的具体点检情况记录在点检表中，并且对已经发现故障的设备进行故障排除			
实施参考	自动输送设备模块			

135

(续)

申请人			主管	
检验结果	□合格　　　□需返修　　　□报废 具体说明：			
实施人			验收人	
完工日期			验收日期	

（2）实施过程

① 输送线设备整体检查。利用轻推、目测、耳听等方式，直接对输送线单元模块固定、设备状态、传动润滑、螺栓固定、工作台清洁、气路连接等进行检测，保证外观整洁，并将发现的异常情况随即记录。

② 模块衔接检查。

① 将水平尺放置在输送线相邻的两个模块上，观察水平尺的刻度是否处于中间位置。如果输送线模块高度不一致，则需要统一调整输送线的水平高度，如图 6-8 所示。

② 观察输送线相邻两个模块的出入口对齐程度，不能有错位，否则会导致托盘在传输过程中发生卡阻情况，如图 6-9 所示。调整后，可以利用托盘试通过模块的接口进行测试。

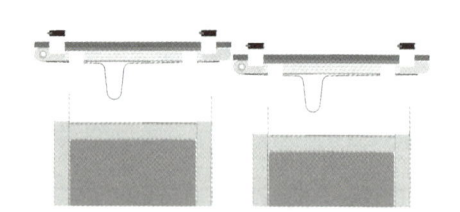

图 6-8　模块衔接高度检查

③ 传感器感应检测。传感器感应检测需要借助托盘和人机交互界面一起实施。如图 6-10 所示，将托盘工具手动放置在输送线上，当其触发某部位的传感器时，在人机交互界面观察对应传感器的信号反馈是否正常。

图 6-9　模块衔接接口检查　　　图 6-10　传感器感应检测

④ 电机、气缸运行检测。如图 6-11 所示，单击人机交互界面上的气缸运动按钮、电机运行按钮，观察对应的气缸和电机是否正常执行动作，可以反复测试几次排除意外故障。

⑤ 传送带状态检测。传送带如图 6-12 所示。

① 手持游标卡尺，测量传送带磨损最严重的部位，判断其厚度是否在允许范围内。

② 在人机交互界面上点击电机运行按钮，传送带开始运行。目测传送带运行情况，观察其是否平稳，仔细聆听运行过程是否有异响。

③ 检测传动带以及平行输送带的松紧程度，通过松紧装置来调整传送带的松紧程度。

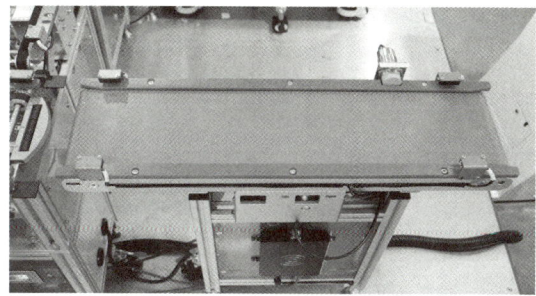

图 6-11　电机运行检测　　　　　　　　　　图 6-12　传送带

6 检测结果记录（见表 6-10）。

表 6-10　自动输送设备日常点检表

目的	保障智能仓储设备运行的平稳和安全			设备型号	
使用部门	仓储部	点检日期		点检人	
设备	点检项目	判定标准	方法	是否合格	处理方法
通用	单元模块固定	牢固无松动	轻推测试		
	设备状态	无报警	观察三色灯、蜂鸣器		
	传动润滑	润滑良好	目测		
	螺栓固定	紧固件无松动	手动测试		
	工作台清洁	整洁无异物	目测		
	气路连接	无漏气	耳听		
输送线	模块衔接口	水平无凸起	水平尺测量		
		无错位	目测观察		
	光电传感器	有传感信号	手动测试		
	传送带松紧程度	无绷紧、松弛	声波式松紧测试仪		
	电机、气缸运行	无异常	点动测试		
	传送带磨损量	在要求范围内	目测保护胶的磨损、游标卡尺测量		
判断示意	√：正常 ×：待修理 ○：作业后微调	点检员签字		主管审核	

7 故障记录及维修。根据上述两个方面的检查结果，将需要维护的设备部件记录在下表中（见表 6-11），并附上对应的维修信息。

表 6-11　故障记录及维修

故障信息			
设备名称		设备编码	
故障开始时间		故障图片	
故障描述			
维修信息			
维修开始时间		维修结束时间	
故障原因分析			
维修记录描述			
维修图片			

任务评价

任务评价表见表6-12。

表6-12 任务评价表

阶段	序号	评分标准	配分	自评	教师评价
职业素养	1	积极参与团队任务，分工明确，团队协作高效	10		
	2	责任心强，勇于承担责任，不推卸问题和责任，对执行结果负责	10		
	3	任务完成后主动按照实训室要求对系统进行保存并恢复	10		
知识技能掌握	1	了解智能仓储设备的点检工作要求	10		
	2	了解同步带的应用场景、平形输送带的检查点	5		
	3	掌握同步带、平形输送带的异常处理	5		
	4	掌握步进电动机的系统故障处理	5		
	5	能够对自动输送设备进行点检以及日常维护	10		
实训成果	1	完成自动输送设备及模块的日常点检	10		
	2	完成点检情况的记录	10		
	3	完成输送模块异常情况的排除	10		
	4	完成设备异常情况的记录	5		
		合计			

项目评测

一、选择题

1. 自动输送设备的特征不包括以下哪个（　　）。
   A. 能连续、大批量地输送分拣货物　　B. 可以实现高度灵活的运输路径
   C. 实现无人化　　D. 差错率低
2. 下列哪个是自动输送设备的技术参数（　　）。
   A. 输送能力　　B. 容器大小
   C. 识别速度　　D. 手工键入

二、填空题

1. RGV 工作原理是依靠_____对铁路轨道和载货平台进行控制和监控，实现物流输送过程的自动化和智能化。
2. 按作业时间间隔和作业内容的不同，点检分为_____和_____两类。

三、判断题

1. AGV 和 RGV 都属于自动化物流输送设备。（　　）
2. 自动输送设备的识别速度越快，识别效率越低。（　　）

四、简答题

1. 简述自动输送设备系统的工作原理。
2. 简述 RGV 的工作过程。

项目 7

智能拣选系统的认知与运维

项目导言

在仓储管理过程中，收、发、存、拣是常见的四大基本组成模块，而其中的"拣"又是备受关注的库内重要作业环节，它的用工量、耗时、成本比重在仓储管理全过程中往往排名前列。随着仓储市场和行业的发展，形成了"人到货"与"货到人"两种主要的拣货形式，两种形式各有优劣。

工作任务

```
项目 7  智能拣选系统的认知与运维
    ├── 任务 1  智能拣选系统的认知
    └── 任务 2  智能拣选系统的日常运维
```

智能仓储设备运行与维护

任务 1　智能拣选系统的认知

任务描述

某电子商务公司主营文具用品，在天猫和京东开设线上商店后订单量大增，配送中心仍采用人海拣货作业，出库配送效率非常低，公司需要引进新的拣货系统。小丁作为设备工程师，需要在了解常见拣货技术的基础上，对协作机器人智能拣选模块进行相关通信连接与配置。

任务目标

- 了解智能拣选系统的概念与特征。
- 知道"人到货"与"货到人"拣选系统的分类。
- 知道"人到货"与"货与人"拣选系统的区别。
- 能够完成 3D 视觉的硬件连接与通信设置。

任务准备

- 教学场地：设备实训室。
- 软件系统：BTB 智能仓储装备。
- 工具辅件：托盘、料箱、计算机。
- 准备操作：实训指导教师拆除智能拣选系统相关线缆、取消通信配置。

任务分析

本任务需要先了解各种常见的拣货技术，熟悉这些技术的优缺点、使用场景以及应用参数，然后对 BTB 智能仓储装备中的智能拣选单元模块进行操作。完成 3D 视觉的硬件连接与通信设置。

课时安排

建议学时共 4 学时，其中相关知识学习建议 2 学时；学员练习建议 2 学时。

知识储备

素养案例

随着电子商务的蓬勃发展，下游客户的需求日益个性化和碎片化，原有的人工拣货模式越来越难以满足实际业务的需要。以 3C 电子行业为例，这是一个典型的工业仓储场景。SKU 种类多，效期管理严格，商品类型需区分保税和完税，存储环境对温度、湿度、防尘、防电等级要求高等，都让人工作业的效率和准确率难以提高，十分影响业务的快速发展。作为中电港现代供应链综合服务的重要组成部分，亿安仓承接着平台上电子元器件的分销业务，服务于上游百家元器件厂商以及下游超过 5 000 家的电子设备生产制造商。天狼团队结合仓库有效利用高度不足，坪效低；完税和保税商品通过楼层物理隔离，不易管理；在 1 万平方米的仓库内，大多为托盘地堆或隔板货架存储，上万种 SKU 采用人工搬运、补货、拣选方式，效率低、作业时间长、易出错等痛点，对仓库进行了整体改造。天狼系统助力亿安仓实现仓储面积节省 1 万平方米以上，拣选效率提升 80%，作业人效提升 230%，拣货准确率提升至 99.99%。作为京东物流智能机器人家族中的一员，天狼系统经过两次技术迭代，拥有今天的优越性能，离不开京东物流极度注重细节的"工匠精神"。

1. 智能拣选系统的概念

智能拣选系统，也称"自动分拣系统"，指能够识别物品 ID 属性并根据该地址信息对物品进行分类传输的自动化系统。其主要功能就是将不同类的物品进行区分，以便后续统一处理，这里的物品可以是快递包裹，也可以是零售业商品包装，甚至包括生产车间的原材料或者成品。

智能拣选系统将自动识别、导航定位、人工智能、自动化控制等技术应用于货物拣选过程中，能够辅助人工进行拣选，还能实现无人化拣选，是一套先进的物流装备。

智能拣选系统具有拣选效率高、拣选差错率低、可以实现少人或无人运作的特征，能够有效提升配送中心运行效率，减少运营成本，降低拣选人员劳动强度，在当前仓储配送中心运作中得到普遍应用。

2. 智能拣选系统分类

从拣选作业方式来看，智能拣选系统可分为"人到货"拣选系统和"货到人"拣选系统两种。

（1）"人到货"拣选系统。"人到货"拣选系统即拣货员根据信息指示前往物流中心物资储存区域，到达指定库位，拣选指定种类和数量的物资，并运送出库至指定位置，主要以人工操作为主、技术应用为辅。典型的智慧型"人到货"拣选系统包括 RF 拣选系统、语音拣选系统、电子标签拣选系统，还可利用智能拣货台车进行拣货等。

① RF 拣选系统。RF 即射频，是指具有远距离传输能力的高频电磁波。射频技术在无线通信领域中广泛使用。如图 7-1 所示，手持 RF 拣选系统是通过无线网络传输订单，借助手持 RF 终端上的显示器，向作业人员及时、明确地下达出货或补货的指令，具有提高拣货效率、降低拣货差错率等显著特点。

② 语音拣选系统。语音拣选系统是将任务指令通过 TTS（Text to Speech，从文本到语音）引擎转化为语音播报给作业人员，并采用波型对比技术将作业人员的口头确认转化为实际操作的技术，如图 7-2 所示。语音拣选效率比 RF 拣选系统更高，因为它让手和眼睛获得自由，语音操作者在视觉上专注于拣选任务，而不需要键入信息，因而键入失误的概率较低。

③ 电子标签拣选系统。电子标签拣货系统是一组安装在货架储位上的电子显示设备，如图 7-3 所示，通过计算机与软件的控制，以灯号与电子标签作为辅助工具，引导拣货工人正确、快速、轻松地完成拣货工作。

④ 智能拣货台车拣货。智能拣货台车是集订单的分、拣、核、包、发为一体的设备，如图 7-4 所示，包括 RF 手持设备、电子标签、标签打印机、装载设备、传感器等多种设备，同时又可与 WMS 与 WCS 等软件系统相连，具有异常信息智能反馈等功能，可实现订单作业智能分配和拣选路线智能优化的功能。

图 7-1 手持 RF 拣选系统

图 7-2 语音拣选系统

图 7-3 电子标签拣选系统

图 7-4 智能拣货台车

（2）"货到人"拣选系统。"货到人"拣选系统即拣货员只在拣货区域内部执行分拣任务，无须前往物资储存区域，所需物资及相关拣选信息由系统自动输送至拣选区域，主要以技术应用为主，人工操作为辅。典型的"货到人"拣货系统包括 Miniload 系统、穿梭车拣选系统、类 Kiva 机器人拣选系统、Autostore 系统、旋转货架拣选系统等。

① Miniload 系统。Miniload 系统是轻型堆垛机系统，专为处理小件货物设计。它通常由细长的移动机器臂组成，能在狭窄的货架间高效地移动和存取箱子或托盘，以优化空间使用和提高仓库作业的速度与准确性，如图 7-5 所示。

② 穿梭车拣选系统。穿梭车拣选系统主要用于快速存取和拣选货物，包括一系列可以在货架间独立运行的穿梭车辆，它们由计算机控制，可以在货架间独立运行，能够自动取出或放置货物，如图 7-6 所示。

图 7-5 Miniload 系统

图 7-6 穿梭车拣选系统

③ 类 Kiva 机器人拣选系统。类 Kiva 机器人拣选系统以移动机器人为核心，移动机器人能够独立导航至指定货架位置，然后将整个货架单元运送到拣选站。该系统使得拣选过程高度自动化，提升了拣选速度和准确性，同时降低了劳动力需求，如图 7-7 所示。

④ Autostore 系统。Autostore 系统由高密度的存储格构成，其中机器人在顶部轨道上移动，以存取位于内部的箱子，然后将其送到拣选站。工作人员在拣选站从箱中取出商品。任务完成后，机器人把箱子放回原位或新位置。这些机器人可以同时进行存取和运输任务，大幅提高拣选效率。Autostore 系统特别适合需要处理大量小型货物的行业，如图 7-8 所示。

图 7-7　类 Kiva 机器人拣选系统

图 7-8　Autostore 系统

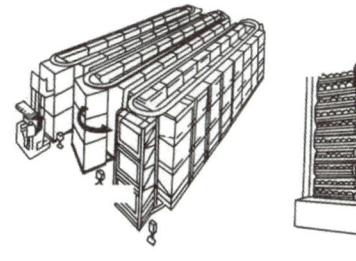

⑤ 旋转货架拣选系统。旋转货架拣选系统设置 2～3 个拣货员，由电机驱动货品向拣选面转动，当订单商品到达拣选口时，系统自动识别停止运转的设备，拣货员看到灯光提示即过去拣货，拣货完成后，旋转货架再次启运准备下一次拣选，如图 7-9 所示。

图 7-9　旋转货架拣选系统

任务实施

3D 视觉的硬件连接与通信设置

（1）工单（见表 7-1）

表 7-1　工单

公司			编号	
规划设计任务单				
申请部门：仓管部门				申请日期：
实施名称	3D 视觉的硬件连接与通信设置		要求完工日期	
实施背景	3D 视觉检测系统是协作机器人的"眼睛"。在智能拣选的过程中，3D 视觉会检测到输送线上的物料位置，生成具体的物料数据并且通过 TCP 传输给协作机器人。本技能着重展示 3D 视觉系统的硬件连接方法以及与协作机器人的通信操作。需要注意的是，在视觉控制器中安装有"转发服务器"，它是视觉控制器和协作机器人的通信桥梁。协作机器人的通信数据通过转发服务器来进行收发			
辅件申请	托盘、料箱			
工作流程				辅助工具
1	用网线和电源线进行硬件连接			计算机
2	在视觉控制器主机上插入加密狗			
3	开启视觉控制器			
4	通过"TransServer"进行控制器的通信设置			

(续)

实施要求	保证视觉控制器与协作机器人能够正常通信		
实施参考	智能拣选模块（3D视觉、检测显示屏、视觉控制器、协作机器人）		
申请人		主管	
检验结果	□合格　　　□需返修　　　□报废 具体说明：		
实施人		验收人	
完工日期		验收日期	

（2）实施过程

①首先进行硬件的连接，将网线和电源线一头接入3D视觉相机中，如图7-10所示。

②电源的另一头插入电源插板，网线的另一头插入工控机的3D视觉相机网线接口中，3D视觉相机的硬件连接就完成了，如图7-11所示。

图7-10　接入网线与电源线　　　　图7-11　接入工控机

③视觉控制器是一个工控机，为了视觉检测软件的正常使用，需要在工控机上插接一个加密狗，如图7-12所示。

④按下主机的开机按键，就可以开启视觉控制器，如图7-13所示。

图7-12　视觉控制器的解锁装置——加密狗　　　　图7-13　开启视觉控制器

项目 7　智能拣选系统的认知与运维

5 开机后即可建立协作机器人和视觉检测系统的通信连接。首先需要打开转发服务器"TransServer"，然后再打开 3D 视觉软件，如图 7-14 所示。

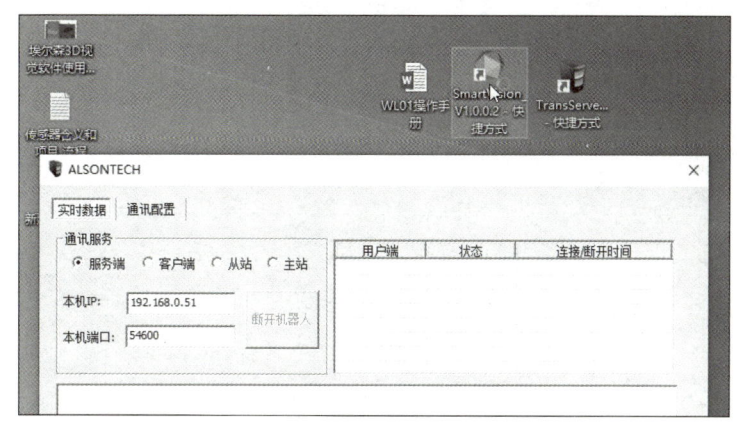

图 7-14　打开 3D 视觉软件与转发服务器

（**提示**：由于 3D 视觉软件在开启之初，被设置成自动连接转发服务器，因此在视觉软件开启之前，要确保转发服务器"TransServer"处于开启状态。否则会导致通信连接失败！）

6 片刻之后会显示光栅传感器连接成功，3D 相机会自动执行一次扫描动作。此时 3D 相机与视觉控制器连接成功，如图 7-15 所示。

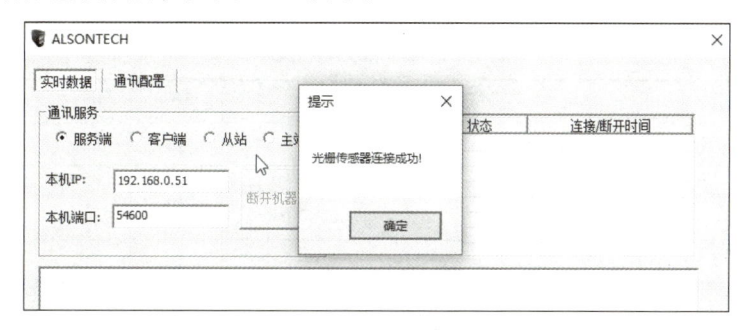

图 7-15　光栅传感器连接成功

7 视觉控制器在连接相机之后，会自动执行初始化流程，其中包括连接"转发服务器"。当显示"成功连接转发服务器"的提示内容时，表明通信连接成功，如图 7-16 所示。

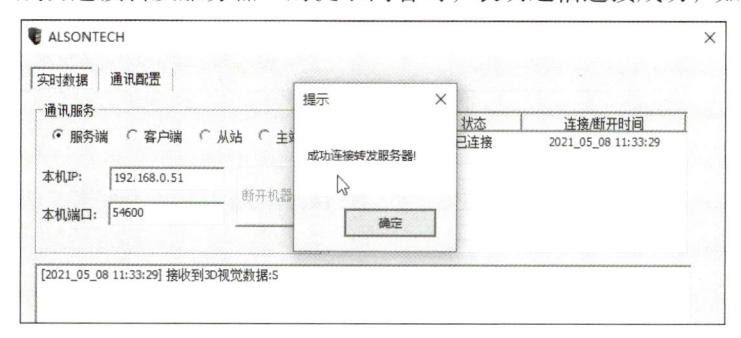

图 7-16　转发服务器连接成功

8 3D 视觉通信设置完毕，在执行任务的过程中，我们可以在检测显示屏中实施观察当前的检测实况以及通信数据，如图 7-17 所示。

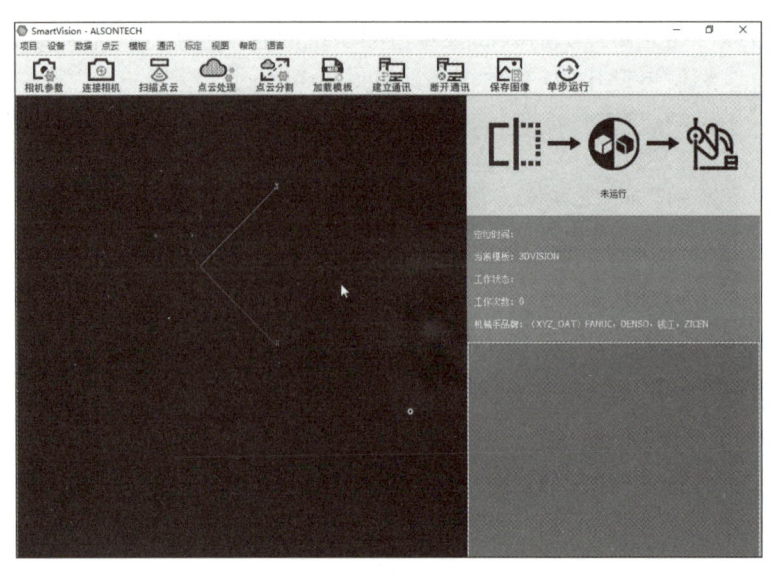

图 7-17 视觉检测软件

任务评价

任务评价表见表 7-2。

表 7-2 任务评价表

阶段	序号	评分标准	配分	自评	教师评价
职业素养	1	积极参与团队任务，分工明确，团队协作高效	10		
	2	责任心强，勇于承担责任，不推卸问题和责任，对执行结果负责	10		
	3	任务完成后主动按照实训室要求对系统进行保存并恢复	10		
知识技能掌握	1	了解智能拣选系统的概念与特征	10		
	2	了解"人到货"与"货到人"拣选系统分类	10		
	3	了解"人到货"与"货与人"拣选系统的区别	10		
实训成果	1	完成 3D 视觉设备的硬件连接	20		
	2	完成 3D 视觉设备与视觉控制器的通信连接	20		
		合计			

任务 2 智能拣选系统的日常运维

任务描述

智能拣选系统的拣选单元长时间、高频率地运行，部件可能会有磨损、老化、损坏的现象，设备经常出现故障而影响正常生产需求，所以需及时、正确、有效地维护保养，以使智能拣选单元更大限度地达到并符合原设计、制造的标准和技术要求。

设备工程师小丁负责此次的运维工作，任务主要针对智能拣选单元的各部分硬件组件和软件进行检查，然后根据检查情况实施日常维护作业。维护内容涉及机械、电气、程序维护等几个方面，其中协作机器人是智能拣选单元最主要的设备，包括机器人本体、控制柜和示教器，是日常维护的主要对象。3D视觉传感系统的维护对象主要包括视觉控制器和3D视觉传感器。

任务目标

- 掌握协作机器人的急停操作和恢复方法。
- 熟悉协作机器人可能会出现的异常情况及对应的处理办法。
- 能够对智能拣选系统进行日常维护。

任务准备

- 教学场地：设备实训室。
- 硬件系统：BTB智能仓储设备——智能拣选单元。
- 工具辅件：劳保服、安全帽、手套、口罩、工具箱、擦拭纸、USB存储设备。
- 准备操作：实训指导教师先将协作机器人的程序进行备份，防止被误修改或删除。

任务分析

此任务以工具使用、机械/电气检查及维护为主要内容。任务需要实施者对智能拣选单元的结构较为熟悉，并具备一定的机械装配技能。在实施过程中需要根据工单完成对智能拣选单元的维保作业，还需要注意人身安全，较为考验实施者的现场作业能力。

课时安排

建议学时共4学时，其中相关知识学习建议2学时；学员练习建议2学时。

知识储备

素养案例

数据加密和传输安全是智能物流系统数据安全的基石。如果智能分拣系统缺乏数据加密等必要的安全防护措施，那么系统内的数据将面临严重的泄露风险。因此，物流运作中所产生的大量数据务必经过严格的加密处理，并依托安全的传输机制进行传输，从而有效防止任何非法获取或篡改的行为发生。信息安全教育，作为信息化时代不可或缺的基础教育内容，其重要性不言而喻。在数字化浪潮席卷全球的今天，信息安全已成为每个人都需要面对和应对的重要议题。只有不断提高人们对信息安全问题的认识和应对能力，才能保障智能物流系统的稳定运行，持续为社会提供安全、高效的服务。

1. 智能拣选系统协作机器人的急停与恢复

（1）急停情况。协作机器人的急停状况一般有两种形式：启动过大力安全保护和启动紧急停止装置。

1）启动过大力安全保护。协作机器人本体上电静止状态下，当操作人员或其他物体误碰机器人本体，且碰撞力超过安全阈值时，机器人本体会顺着碰撞力的方向被动移动。这种功能可以减少机器人与被碰撞的人或物的伤害。这也是协作机器人与普通工业机器人的主要区别之一。

2）启动紧急停止装置。如图 7-18 所示，协作机器人在示教器上配置有紧急停止按钮，当发生紧急情况时，按下紧急停止按钮，机器人便随即停止运动。在控制柜上也配置有紧急停止的端口，作为集成设备应用时，我们也可以将此端口利用起来，增加其他的保护装置，如图 7-19 所示。

图 7-18 示教器示意图

图 7-19 机器人拓展紧急停止按钮

示教器各部位功能见表 7-3。

表 7-3 示教器各部位功能介绍

序号	名称	功能
1	电源开关	用于示教器软件的开启或强制关闭
2	LCD 触摸屏	显示机器人的操作及状态信息
3	紧急停止按钮	按下后可实现机器人的紧急停止，如需恢复至正常模式，需按照按钮上显示的方向旋转此按钮
4	力控开关	属于三位置使能开关，可以实现回避危险的 OFF（开）⇒ON（关）⇒OFF（开）的三位置动作，当开关处于 ON 状态时，可以拖动机器人进行示教操作
5	连接线插口	用于与控制柜进行线缆连接

（2）恢复急停。

1）急停状态的解除。从急停状态恢复至正常状态，是一个简单且重要的步骤。简单在于，紧急停止按钮都具有"上锁"的功能，只需要按照按钮上的箭头指示（一般为顺时针）旋转紧急停止按钮，即可解除上锁状态，如图7-20所示。重要在于，一定要确保机器人的危险情况已经完全排除，这对于安全操作来讲至关重要。

2）调整机器人姿态。在紧急情况下，由于采取了紧急制动措施，此时机器人的姿态是不可控的，因此通常需要人为调整协作机器人的姿态。如图7-21所示，在控制柜通电时，按下示教器的力控开关，即可轻松转动机器人的各个关节，来快速调整姿态、排除故障。

当机器人电源失效或者无法使用电源时，如果要调整机器人的姿态，就需要强制反向用力推动机器人的手臂，迫使关节转动。注意：这种方式有可能会损坏机器人的关节，仅限于紧急恢复时使用。

图7-20 示教器解除急停状态 　　图7-21 机器人姿态调整

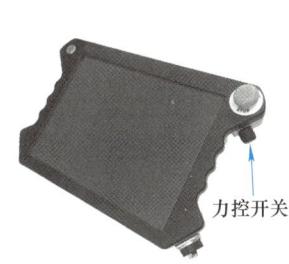

2. 协作机器人异常及处理

（1）机械臂异常及处理。

1）机械臂报"can bus error"。

① 故障原因排查。根据报错信息回馈值判定哪个模块故障；将机械臂断电；拆下故障模块的后盖；检查主控板CAN线插接座是否松动、短路或断路（利用万用表）：测CAN线H和L之间的终端电阻值，若正常，则为120Ω；万用表测量航插线中的CAN脚是否导通。

拔下机械臂与控制柜联机的控制柜端，检测航插里面的PIN脚。CAN脚处于机械臂与控制柜相连的航插线中，如图7-22所示。两条CAN线缆定义见表7-4。

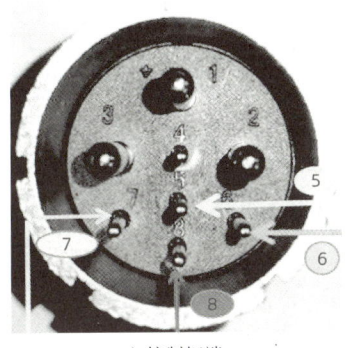

a）控制柜端　　b）机械臂端

图7-22 机械臂与控制柜连接线

表 7-4　CAN 线缆定义

CAN1（大模块专用 CAN 信道）	CAN-1-H1	控制柜端 – 标号 5；机械臂端 – 标号 10
	CAN-1-L1	控制柜端 – 标号 6；机械臂端 – 标号 11
CAN2（小模块专用 CAN 信道）	CAN-2-H2	控制柜端 – 标号 7；机械臂端 – 标号 5
	CAN-2-L2	控制柜端 – 标号 8；机械臂端 – 标号 8

② 解决措施。若主控板 CAN 线插接座松动，则需要将主控板拆下重新焊接固定；若 CAN 线出现短路或断路，则更换该模块的中心引线。

2）机械臂连续报碰撞。

① 故障原因排查。根据回馈值确定故障模块；重复上电；检查该模块刹车是否正常释放。

② 解决措施。更换模块。

3）机械臂无法正常上电。

① 故障原因排查。关机；检查控制柜 48V 电源线路是否连接正确。

② 解决措施。重新安装。

4）开机后打开 48V 电源，刹车自动释放。

① 故障原因排查。关机；拆开故障模块的后盖；检查模块主控板上电源芯片是否虚焊或损坏。

② 解决措施。刹车自动释放，由软件配置。

5）机械臂报 "Electric current over ERROR!"。

① 故障原因排查。根据报错信息回馈值判定哪个模块故障；将机械臂断电；拆下故障模块和故障模块上下两个模块的后盖；使用万用表检查 48V 电源供电是否正常；使用万用表检查故障模块与正常模块中心引线是否短路或断路。

② 解决措施。若 48V 电源供电不正常，则更换电源；若中心引线短路或断路，则需要将整个模块返厂维修。

6）机械臂上电报 "robot power off！"。

① 故障原因排查 1 及解决措施。关机，取下机械臂电缆线；检查机械臂电缆线版本是否匹配。若不匹配，则需要更换匹配的机械臂电缆。

② 故障原因排查 2 及解决措施。将机械臂断电；检查电缆线与控制柜的航插头插针是否松动。若有松动则需要重新固定航插头插针。

③ 故障原因排查 3 及解决措施。将机械臂断电；拆下后盖；使用万用表检查机械臂的中心引线是否短路或断路。如有短路或断路，更换故障模块的中心引线。

④ 故障原因排查 4 及解决措施。将机械臂断电；检查各模块的主控板 48V 电源接插座是否松动。若有松动，则重新焊接 48V 电源座。

7）模块抖动大。

① 故障原因排查。检查底座螺钉是否紧固；若底座螺钉连接紧固，拆下故障模块，重新组装。

② 解决措施。更换底座，重新固定螺钉。若需要重组模块，安装谐波与法兰时要求对

角固定，且固定过程需分不同扭力。

（2）控制柜异常及处理。

1）故障现象。将控制柜设为联调模式，外接一个开机信号，机械臂无法开机。

2）故障原因排查。①将机械臂设为手动模式，开机；②将示教器接口切换到用户 IO 接口；③观察用户 IO 是否可以正常使用；④若不能使用，检查端子板上 P8 与 P5 接口是否接反；⑤若接反，调换接口重新使用 IO，观察开机 IO 信号；⑥若仍不能使用，则将接口板与 IO 拓展板的 485 芯片更换。

3）解决措施。更换接口板与 IO 拓展板。

（3）示教器异常及处理。

1）示教器出现 2～4s 黑屏。①将示教器电缆线取下；②检查示教器电缆线航插内的插针是否有松动或突出、凹陷；③若无松动或突出、凹陷，则使用导通机测试示教器的电缆线是否短路；④若出现短路则更换示教器电缆线。

2）示教器变色、花屏、黑屏。①将机械臂关机，然后检查示教器版本与示教器电缆线版本是否匹配，并检查电缆线安装是否正确。若不正确，需要更换匹配的示教器电缆线；②检查显示屏是否为常规显示屏，如果异常需要更换显示屏；③将示教器电缆线拆下，检查示教器连接线的插针是否完好。若有异常，需要更换示教器电缆线；④打开控制柜，检查控制柜 VGA 线是否损坏，以及线序是否正确。若有异常，需要更换 VGA 线。

3）按下示教器开机按钮，示教器无反应。①先将系统断电，将示教器电缆线取下，然后检查示教器电缆线插针是否有凹陷或突出。若线缆插针有异常，则需要更换示教器电缆；②系统关机之后，取下示教器。然后拆开示教器，使用万用表检查开关是否损坏。更换示教器开关按钮。

4）上电后示教器显示图像偏移。①开机后，使用鼠标单击右上角的齿轮，找到系统设置；②勾选 Mirror Displays 选项。

5）示教器的触屏无效。①检查示教器的电缆线是否出现短路现象。②检查控制柜内部 AGV 线管脚 P9/10/11/12 是否出现短路现象。③检查示教器内部显示屏扁平电缆是否损坏。④检查控制柜内部示教器的 USB 接口是否松动；若松动，则更换 AGV 线或重新焊接 P9/P10/P11/P12。

6）忘记锁屏密码。①将机械臂重新启动；②使用键盘将示教器接口切换到主页面上（Alt+Tab 键切换）；③按下键盘上的 Windows 键。单击左边工具栏第二个图标，进入 home 文件夹，将隐藏文件夹显示出来（Ctrl+H）；④打开 .config/AUBOPE 文件夹下的 AUBOPE.conf 文件；找到 passwd 项目，此处为锁屏密码。

任务实施

智能拣选系统的维护与保养

（1）工单（见表 7-5）

表7-5 工单

公司			编号	
设备管理工作任务单				
申请部门：仓管部门			申请日期：	
实施名称	智能拣选系统的维护与保养		要求完工日期	
实施背景	设备工程师小丁负责运维工作，现在到了智能拣选单元的各部分组件需要维护与保养时间。小丁需要检查情况并实施日常维护作业。维护目标主要是协作机器人与3D视觉传感系统，协作机器人包括机器人本体、控制柜和示教器，3D视觉传感系统包括视觉控制器和3D视觉传感器			
辅件申请	劳保服、安全帽、手套、口罩、工具箱、擦拭纸、USB存储设备			
	工作流程			辅助工具
1	穿戴劳动防护用具			劳保服、安全帽、手套、口罩
2	智能拣选系统日常点检			
3	根据点检情况维护协作机器人，并进行外观清洁			擦拭纸、工具箱
4	对3D视觉的外观进行清洁维护			擦拭纸、工具箱
5	记录设备故障维修表			
实施要求	严格按照表中的信息进行定义			
实施参考	智能拣选系统			
申请人			主管	
检验结果	□合格　　　　□需返修　　　　□报废　　具体说明：			
实施人			验收人	
完工日期			验收日期	

（2）实施过程

1 穿戴劳动防护用具。操作人员不得披长发、穿宽松衣服、佩戴饰物（包括环状物），必须穿戴好劳动防护用品。在操作之前，需要穿戴好以下防护用具，包括安全帽、防护手套、工作服、口罩等。

根据维护需求，需要准备以下辅件，包括擦拭纸、内六角扳手、工具箱等。

2 机器人日常点检及维护（见表 7-6）。

表 7-6　机器人日常点检及维护检查表

维护设备	维护项目	维护内容	维护时间	点检情况
机械臂	外表	检查机械臂外表是否有磕伤、裂纹	每天	
	关节	检查机械臂各个关节模块后盖是否盖好	每天	
	运行	检查机械臂运行过程中是否有异响、噪声、抖动以及卡顿	每天	
控制柜	柜门	检查控制柜的门是否关好	每天	
	密封	检查密封构件部分有无缝隙和损坏	每月	
	风扇	检查风扇转动	每月	
	急停开关	检查急停开关动作	适当	
	端子排默认配置	检查内部电源接口和默认安全配置	适当	
示教器	外观	检查示教器外观是否有磕伤	每天	
	急停	检查示教器急停是否可以正常使用	适当	
	屏幕	检查示教器屏幕显示是否完好	适当	
	触控	检查示教器触控是否灵敏	适当	

3 机器人外观维护。如果在控制器或机器人手臂上观察到灰尘、污垢、油污，可以使用带有清洁剂的防静电布擦去。在极少数情况下，非常少量的油脂会从接头渗出，这不会影响关节的指定功能或寿命。

4 3D 视觉外观清洁维护。

① 粉尘环境中，需要定期对镜头玻璃、外壳进行清洁。

② 清洁镜头玻璃时，用清洁布蘸取少量异丙醇轻轻清洁玻璃表面。不可直接刮镜头玻璃，不可将酒精直接倒在镜头玻璃上；可使用加压空气来清除镜头玻璃上的灰尘。

③ 需要清洁如图 7-23 所示的 3D 传感器外壳时，请使用含少量温和的清洁剂或异丙醇的清洁布擦拭。

a）视觉控制器　　　　b）3D 视觉传感器

图 7-23　3D 视觉系统

④ 清洁注意事项。

A．不可以将清洁剂直接倒在 3D 传感器外壳上。

B．禁止用刺激性或腐蚀性溶剂清洗，例如碱液、甲基乙基酮（MEK）或汽油等；空气中必须不能含有可能残留在窗口玻璃上的油、湿气或其他污染物。

C．检查 3D 视觉传感器以及控制器，有安全、可靠的连接地线。

D．避免过电压、线路噪声、静电放电（ESD）、电力激增等现象出现。

E．保证连接的各种线缆远离感性负载设备或高电压电路（例如：高压配电箱、大功率动力电机等），以降低外界对设备的干扰。

F．当 3D 视觉传感器设备异常且原因不明确时，请联系专业售后，勿自行处理。

5 故障记录及维修。根据上述检查结果，将需要维护的设备部件记录在下表中（见表 7-7），并附上对应的维修信息。

表 7-7　故障记录及维修

故障信息			
设备名称		设备编码	
故障开始时间		故障图片	
故障描述			
维修信息			
维修开始时间		维修结束时间	
故障原因分析			
维修记录描述			
维修图片			

任务评价

任务评价表见表 7-8。

表 7-8　任务评价表

阶段	序号	评分标准	配分	自评	教师评价
职业素养	1	积极参与团队任务，分工明确，团队协作高效	10		
	2	责任心强，勇于承担责任，不推卸问题和责任，对执行结果负责	10		
	3	任务完成后主动按照实训室要求对系统进行保存并恢复	10		
知识技能掌握	1	掌握协作机器人的急停操作和恢复方法	10		
	2	熟悉协作机器人可能会出现的异常情况及对应的处理办法	10		
	3	能够对智能拣选系统进行日常维护	10		
实训成果	1	完成智能拣选单元协作机器人的急停操作，并正确恢复至工作状态	20		
	2	完成对异常情况的处理	10		
	3	完成智能拣选系统的日常点检和维保	10		
合计						

项目评测

一、选择题

1. 以下（　　）属于"货到人"拣选系统。
   A．RF 拣选系统　　　　　　　　　B．语音拣选系统
   C．Miniload 系统　　　　　　　　D．智能拣货台车拣货
2. 协作机器人的急停状况，通常有哪些形式？（　　）
   A．启动过大力安全保护和启动紧急停止装置
   B．示教器解除急停状态和机器人姿态调整
   C．电源开关和 LCD 触摸屏
   D．急停按钮和力控开关

二、填空题

1. 智能拣选系统将_____、_____、_____、_____等技术应用于货物拣选过程中，能够辅助人工进行拣选，还能实现无人化拣选，是一套先进的物流装备。
2. 从拣选作业方式来看，智能拣选系统可分为_____和_____两种。

三、判断题

1. 智能拣选单元属于耐用性产品，只需一年维护一次即可。（　　）
2. 智能拣选系统具有拣选效率高、拣选差错率低、可以实现少人或无人运作的特征。（　　）
3. 协作机器人的急停状况一般有两种形式：启动过大力安全保护和启动紧急停止装置。（　　）

四、简答题

1. 简述"人到货"和"货到人"两种智能拣选系统的区别。
2. 简述智能拣选单元急停与恢复的步骤。

项目 8

智能仓储系统搭建与运维

项目导言

物流业的蓬勃发展，离不开智能物流技术的应用，更离不开智能仓储系统的推广普及。本项目以工业智慧物流为原型，以电商 BTB 物流的仓储部分为背景，利用 RFID（射频识别）、网络通信、信息系统应用等信息化技术及先进的管理方法，实现入库、出库、盘库、智能拣选等功能。

项目主要包括两部分内容，其一为智能仓储系统硬件的搭建，硬件单元主要包括基台、收货台单元、输送单元、巷道仓储单元、托盘机单元、转台单元、智能拣选单元、监控单元、RFID 单元、大屏显示单元、空气压缩机单元、总控单元等部分；其二为智能仓储系统的运行，主要使学生在了解智能仓储系统日常运行状况的基础上，对异常情况及故障具备一定的排除能力。

工作任务

```
            项目 8  智能仓储系统搭建与运维
                         │
           ┌─────────────┴─────────────┐
    任务 1  智能仓储硬件系统的搭建    任务 2  智能仓储系统的运维
```

任务 1　智能仓储硬件系统的搭建

任务描述

要在智能立体化仓库中实现物品及托盘的流通，就离不开输送单元的运行。本任务主要利用表 8-1 中所列的设备模块，通过单一装备单元模块的机械固定以及模块拼入时的电、气、网络的连接操作，搭建一个智能化的立体仓库系统，如图 8-1 所示。以下是各模块的详细搭建方案。

（1）搭建入库系统，使系统具备放料、输送、入库的功能。
（2）搭建盘点系统，使系统具备出库、输送、取料、放料的功能。
（3）搭建出库系统，使系统具备出库、输送、拣出、托盘回收的功能。
（4）搭建物流输送系统，使系统具备运输、分拣的功能。

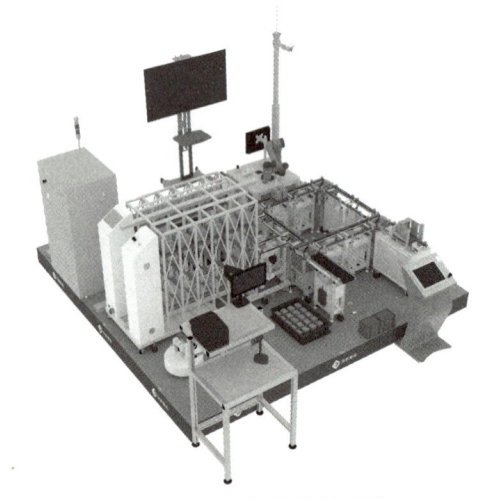

图 8-1　BTB 智能仓储系统

表 8-1　BTB 智能仓储装备总览

序号	单元模块		数量	备注
1	基台		1	—
2	收货台单元		1	—
3	输送单元	移载输送机	1	—
		皮带输送机	2	—
		同步带输送机	6	—
4	巷道仓储单元		1	—
5	托盘机单元		1	—
6	转台单元		4	—
7	智能拣选单元		1	—
8	监控单元		1	—
9	RFID 单元		3	需要布置在其他模块上
10	大屏显示单元		1	—
11	空气压缩机单元		1	—
12	总控单元		1	—

项目 8　智能仓储系统搭建与运维

任务目标

- 能够根据具体的智能仓储物流工艺，选择相应的智能单元模块。
- 能够根据具体的智能仓储物流工艺背景，设计出相应的硬件布局。
- 能够安全、准确地移动并安装设备单元模块。
- 使用电、气、网络线缆连接新拼入的设备单元模块，并且能够对线缆进行整理。
- 能够使用工具检测模块之间的高度差异，并可以对设备的高度进行微调。

任务准备

- 教学场地：设备实训室。
- 硬件系统：BTB 智能仓储装备、连接线缆（电、气、网络）。
- 工具辅件：工具包、水平尺、电源连接线缆、网线、气管、正三通快速插接头、扎线带、斜口钳。
- 准备操作：实训指导教师将所有基本单元模块做好标记，并标注运行方向。

任务分析

此任务是一个技能要求较为综合的任务，不仅需要对硬件单元模块的功能有一定的了解，还需要针对具体的物流工艺进行选择。在单元模块布局设计以及拼接的时候，需要注意单元模块之间的衔接和流通，确保这个硬件系统是能够正常流通物品（托盘）的。最后还需要团队有专人来监督小组的操作过程，防止意外发生。

课时安排

建议学时共 4 学时，其中相关知识学习建议 2 学时；学员练习建议 2 学时。

知识储备

> **素养案例**
>
> 三国时期，诸葛亮出师北伐，为了克服运输军粮的困难创制了木牛流马，据史料记载，其载重量为"一岁粮"，大约四百斤以上，每日行程为"特行者数十里，群行三十里"，为蜀国十万大军提供粮食。木牛流马，其实是利用齿轮原理提高机械化水平，提升运输效率，这与现代物流的自动化设备雷同。市场竞争激烈，人力、制造成本不断增加，企业必须要降本增效，伴随着自动分拣、自动化仓储、无人机配送等的出现，大大降低了人力成本，也提升了运作效率。

1. 单元模块的布局规范

在智能仓储系统中，通常需要巷道立体仓库、智能拣选单元、输送单元等多个单元模块

159

智能仓储设备运行与维护

或者子系统共同参与。物料在各单元模块之间进行运转的方式有很多，譬如输送带方式，或是由协作机器人进行转移。为保证智能仓储系统中单元模块组合的灵活性，并实现物料的顺利传输，在组合各单元模块之前，需要充分考虑各单元模块的布局规范。

（1）单元模块应在基台范围内。基台的台面材质为碳钢，各单元模块需要利用底部的磁吸装置进行吸附固定。如图 8-2 所示，为保证单元模块固定的充分性，除收货平台以及人工操作平台等需要人工操作的模块，其他单元模块均应在基台范围以内，即使模块的部分超出也不被允许。

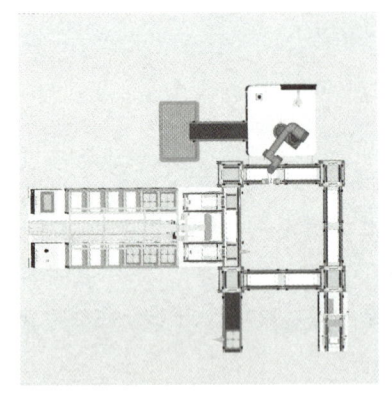

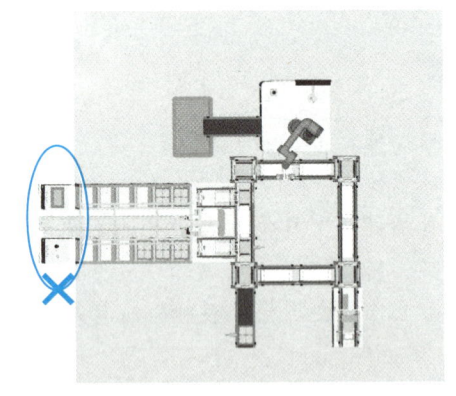

a）基台内标准布局　　　　　　b）基台外不标准布局

图 8-2　基台内布局模块

（2）考虑协作机器人的作业范围。如图 8-3 所示为协作机器人的运动范围，除去机座正上和正下的圆柱体空间，工作范围为半径 886.5mm 的球体。在布置协作机器人（智能拣选单元）位置时，务必考虑协作机器人正上方和正下方的圆柱体空间，尽可能避免将工具移向圆柱体空间。另外，在实际应用中，关节 1~关节 6 转动角度范围是 -175°~175°。

在智能仓储系统中，协作机器人被安置在智能拣选单元的平台上。按照智能拣选单元与输送线之间的相对关系，可以将该布局方位分为正向布局、侧向布局以及背向布局三种，其中虚线表示协作机器人的工作范围，如图 8-4 所示。

图 8-3　协作机器人（AUBO-i5）工作空间

如图 8-4a 所示，正向布局可以同时支持 2 个拣选作业点和 2 个放置作业点，是本系统较为推荐的布局方式。当采用此布局方式时，2 个放置作业点分布在两侧。在进行布局规划时，如果需要拣选的作业点较多时，可以优先考虑此方式。

如图 8-4b 所示，侧向布局可以同时支持 1 个拣选作业点和 2 个放置作业点，是本系统备选的一种布局方式。当采用此布局方式时，2 个放置作业点分别分布在侧面和正面。在进行布局规划时，如果需要拣选的作业点只有 1 个，且对放置作业点的分布有相关对应的需求，则可以考虑此方式。

如图 8-4c 所示，背向布局仅能支持 2 个放置作业点。此时输送线处于协作机器人的工作空间的极限位置，机器人极容易超限发生错误，所以这种布局是本系统需要避免的一种布局方式。

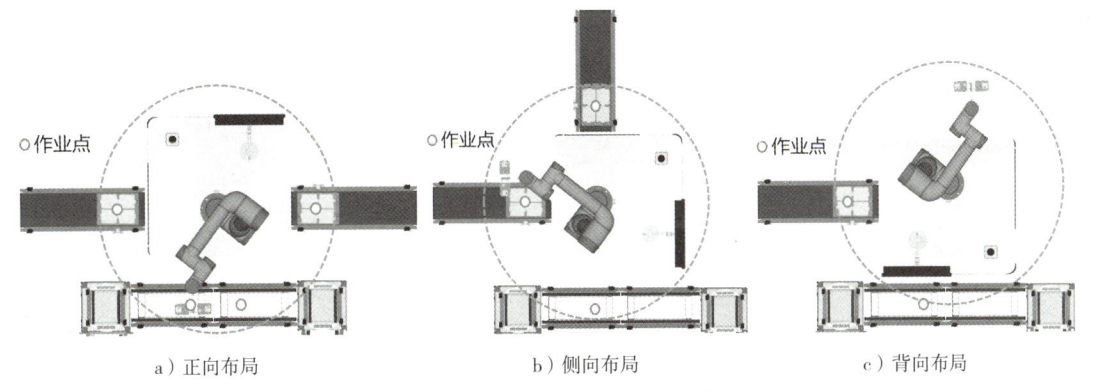

a）正向布局　　　　　　b）侧向布局　　　　　　c）背向布局

图 8-4　智能拣选单元的布局方位

（3）单元模块调节及固定的方式。搭建一个智能仓储系统，需要拼装很多单元模块，这些单元模块不可能同时固定下来。如图 8-5 所示，在拼装时最重要的就是输送单元模块之间的衔接情况。我们最终的目标就是托盘在各个单元模块上的输送线均保持在统一高度。

为保证物品输送时的通畅，可以采取两种方式进行调整，即绝对高度调整和相对高度调整。

如图 8-6 所示，在采用绝对高度调整时，需要借助高度测量设备（如标尺、皮尺等）使每个单元模块达到统一高度，这样在拼装的时候就无须再对高度进行调整。但由于每个单元模块的高度都需要重新调整，因此工作量较大。

图 8-5　输送单元模块之间的衔接　　　　　图 8-6　单元模块绝对高度

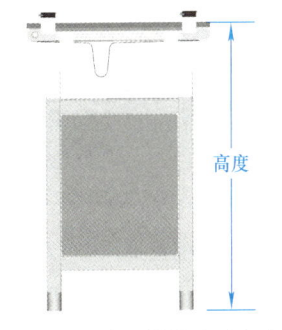

如图 8-7 所示，采用相对高度调整时，需要先确定其中一个单元模块的高度，后续拼入的单元模块与当前单元模块或者有衔接关系的单元模块保持高度一致即可。对于拼入顺序，如图 8-8 所示，我们可以按照"先大后小"或者"先主后次"的原则来进行确定，比如以不便于移动和调节的模块（比如巷道立体仓库）为首个高度确定的单元模块，然后再依次拼入其他单元模块。

（4）输送单元模块的灵活选用。输送单元模块主要包含 3 类模块：移载输送机、皮带输送机、同步带输送机，物品的输送通道就是由这 3 类模块搭建而成的。需要强调的是，RFID 系统需要依附于输送单元模块进行布置。这 3 类模块的特点及应用场景见表 8-2。

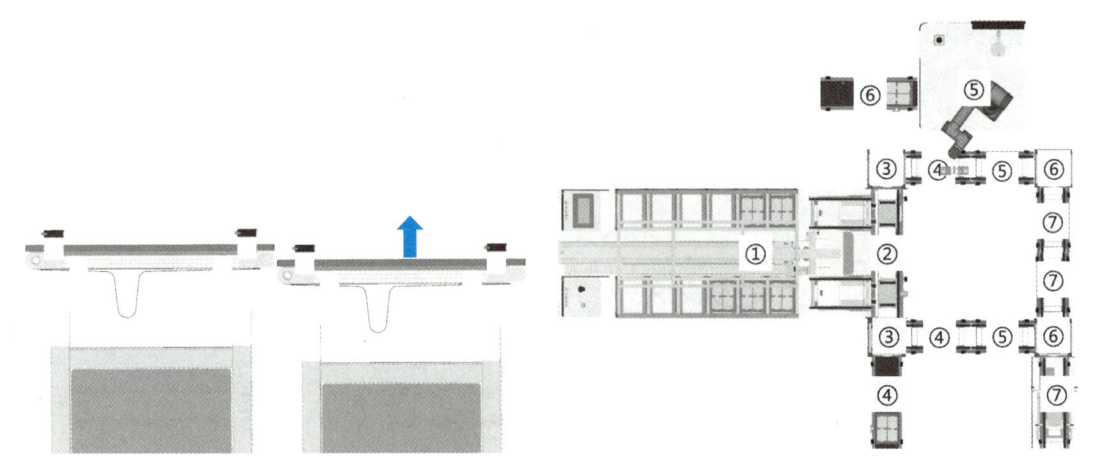

图 8-7 相对高度调整　　　　　图 8-8 拼入及固定顺序

表 8-2 输送单元模块

输送参数	移载输送机	皮带输送机	同步带输送机
实物			
台面长度	800mm	600mm	400mm
输送对象	托盘	托盘、物料箱	托盘
布局位置	分拣输出口 巷道立体仓库接口	输送线人机入口 输送线分拣出口	中间输送线
能源供给	电、气、网	电、网	电、网

（5）输送枢纽的妙用。在智能仓储系统中，输送枢纽包括两类装备，即"转台"（见图 8-9）和"移载输送机"（见图 8-10）。物品要在输送枢纽处实现流转方向的切换，因此输送线的空间布局主要取决于转台单元模块或者移载输送机的位置。其中"转台"台面具有 90°的旋转行程，而移载输送机有一条主输送线和四个侧边接口。因此根据此硬件结构，我们在布置这两类单元模块时可以参考以下 4 种方案。

① 角形布置。如图 8-11 所示，角形是转台单元模块的基本布局形式，此形式包括 1 个入口和 1 个出口，主要用于对输送线空间布局有转弯需求的场景。如果没有角形，那么所有的输送线路都将呈"一字形"排列。

② T 形布置。如图 8-12 所示，T 形是转台单元模块常见的布局形式，此形式包括 1 个入口和 2 个出口，主要用于对仓储物流工艺有分流需求的场景，如空托盘和有物料的托盘应该流向不同的地方。T 形布置可以满足大部分的物流工艺场景需求。

③ 十字布置。如图 8-13 所示，十字是转台单元模块较为核心的布局形式，此形式包括

2个入口和2个出口，主要用于仓储物流工艺比较复杂的分流场景，它可以接受两个不同方向的物料，然后根据物流工艺需求再分流到另外两个不同的目的地。十字布置属于仓储物流输送线中较为高级的布局应用。

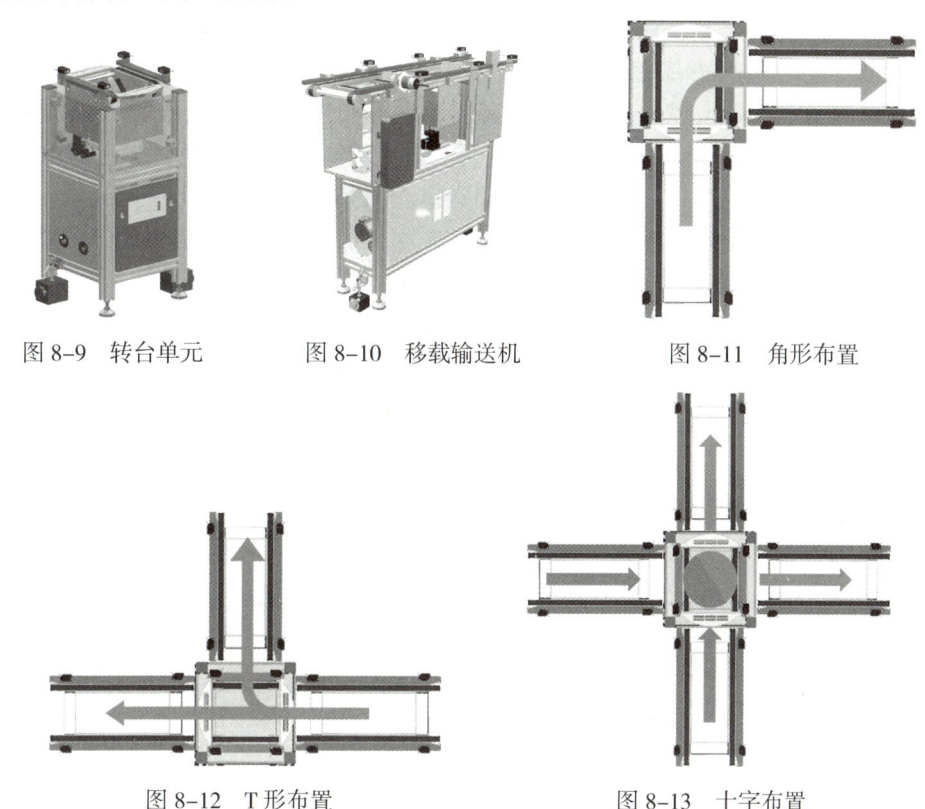

图 8-9 转台单元　　图 8-10 移载输送机　　图 8-11 角形布置

图 8-12 T形布置　　图 8-13 十字布置

④ 工字布置。工字布置是移载输送机的主要应用形式，此形式包括一条输送主线和 4 个侧面接口。移载输送机的每个接口都可以输入和输出物品，图 8-14 所示即为其中一种分拣场景。从左至右物品可以由 5 个方向进行输送，所以移载输送机可以做到真正意义上的"四通八达"。

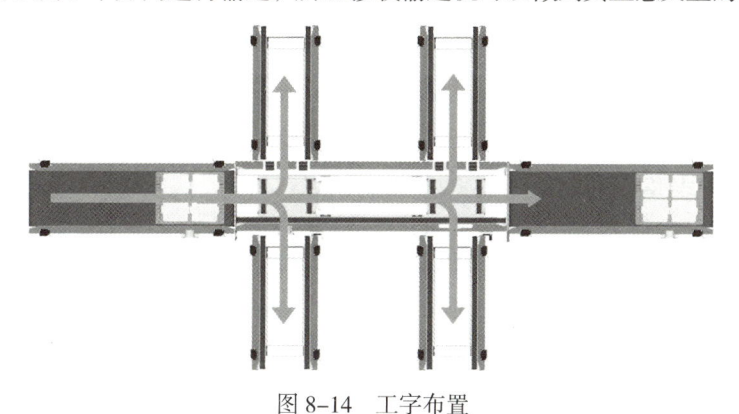

图 8-14 工字布置

2. 布局优化的方式

合理的布局可以有效加快智能物流的输送效率。如图 8-15a 所示，针对当前初始布局而言，如果我们想在不影响物流工艺的前提下，进一步减少物品的流通路径，可以通过减少使用单元模块的数量来实现。如图 8-15b 所示，我们来提供一种优化的逻辑。

（1）首先，根据转台单元模块的机械结构，单元模块之间的夹角只有 90° 和 180°，还要满足物流工艺中的回库功能，因此输送线路的布局就需要以矩形为基础。如此一来，我们就可以缩小矩形的长或宽，来达到减少单元模块数量的目的。

（2）其次，巷道立体仓库以及移载输送机是不能变动的，因此纵向长度并不能有效减少，我们可以充分利用这段纵向长度，将智能拣出单元布置在"转台"或者仓库的对面。

（3）再次，考虑减少当前多余的流通路线。横向的同步带输送机属于无效流通，因此上下横向可以分别同时减少 1～2 个同步带输送机。图 8-15b 所示的布局方式减少 2 个。

（4）最后，为了减少控制托盘的流通路径，移动托盘机至智能拣选单元之后的"转台"单元，将大大提升托盘输送的效率。

布局的优化方式还有很多，此处不再一一进行说明。对系统进行布局时，会受到智能物流系统的单元模块数量、空间大小、物流工艺路径、布局规划思想、单元模块本身特点等多个方面的约束，所以在优化前首先要确定待优化的主要矛盾对象，然后再针对性地做出对应调整。

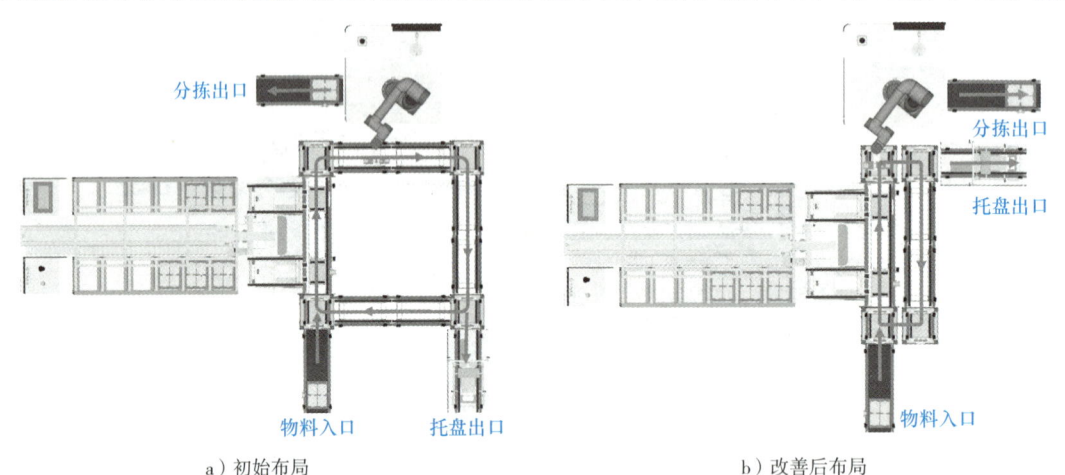

a）初始布局　　　　　b）改善后布局

图 8-15　布局优化

任务实施

1. 单一装备单元模块的机械固定

（1）工单（见表 8-3）

表 8-3　工单

公司			编号	
机械装配及调试类工作任务单				
申请部门：生产车间　　　　　　　　　　　　　　　　　　　申请日期：				
实施名称	单一装备单元模块的机械固定		要求完工日期	
实施背景	我们现在需要搭建一个智能化的立体仓库系统，利用单一装备单元模块的机械固定是我们需要掌握的基础技能之一			
辅件申请	水平尺、工具包等			

（续）

	工作流程	辅助工具
1	移动单元模块至指定位置	
2	调平工作台面	水平尺
3	固定单元模块装备	工具包
实施要求	1. 单元模块移动至输送线指定位置 2. 单元模块工作台面水平，无倾斜 3. 单元模块固定，不可人力推动	
实施参考	拼入指定位置　　　　　　　　　调整位置	
申请人		主管
检验结果	□合格　　　□需返修　　　□报废 具体说明：	
实施人		验收人
完工日期		验收日期

（2）实施过程

1️⃣ 基台是单元模块固定的基础，实施任务时需要保证清理基台台面，为后续机械固定做准备，如图8-16所示。

2️⃣ 将单元模块推到指定位置，如图8-17所示。注意：这个位置将会是输送链上的某个具体的位置。

图8-16　基台　　　　　　　　图8-17　移动模块

3️⃣ 旋转四角的地脚旋钮，释放地脚，使移动轮脱离地面，便于调节单元模块工作台面的水平度，如图8-18所示。

4️⃣ 将水平尺水平放置在单元模块的工作台面上，观察图示气泡的位置处于中间位置，如此才能使工作台面保持水平，如图8-19所示。注意：如果台面不水平，需要重复执行步骤3️⃣，直至工作台面达到水平状态。

图 8-18　释放地脚　　　　　　　　　图 8-19　水平尺校准

5 用工具将特制螺钉固定在单元模块的限位槽中，拉下把手，放下磁力紧固装置，然后逆时针旋转磁力旋钮，磁力座即可吸附在基台上，如图 8-20 所示。采用同样的方式固定另一侧的磁力座。

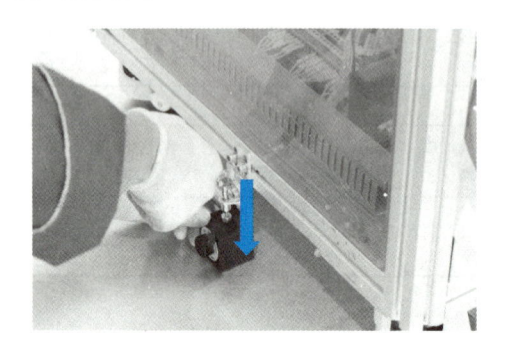

图 8-20　放下并打开磁力紧固装置

6 轻微晃动单元模块台面，观察单元模块是否会移动，确保单元模块牢牢地固定在基台上。若单元模块不会随手晃动，则该单元模块机械固定完毕，如图 8-21 所示。

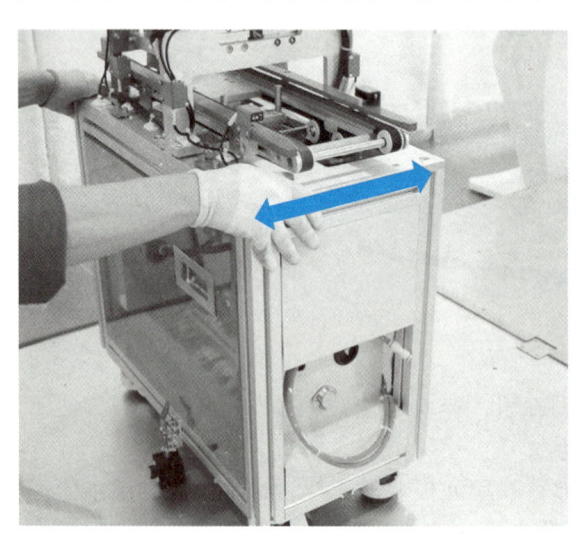

图 8-21　机械紧固程度检测

2. 单元模块拼入时的电、气、网络连接

（1）工单（见表8-4）

表8-4 工单

公司			编号	
机械装配及调试类工作任务单					
申请部门：生产车间			申请日期：	
实施名称	单元模块拼入时的电、气、网络连接		要求完工日期	
实施背景	在拼入装备模块时，只有将相关的电、气、网络全部接入系统，才能有效拓展智能立体仓库的输送链系统。所以需要将模块的电气接口利用模块的连接线缆进行连接，最终完整地拼入智能立体仓库系统			
辅件申请	电源连接线缆、网线、气管、正三通快速插接头、扎线带、斜口钳、水平尺			
	工作流程		辅助工具	
1	移动单元模块至指定位置			
2	拆除原电源线，连接新单元模块的电源接口		扎线带	
3	拆除原网线，连接新单元模块的网口		扎线带	
4	拆除原气管，利用正三通快速插接头接入新单元模块气管		斜口钳、扎线带	
5	调平工作台面		水平尺	
6	固定单元模块装备			
实施要求	1. 单元模块移动至输送线指定位置 2. 单元模块能够正常通电及通信，气管无漏气 3. 单元模块工作台面水平，无倾斜；固定，不可人力推动			
实施参考	拼入指定位置		转台模块的电气接口	
申请人			主管	
检验结果	□合格　　　　□需返修　　　　□报废 具体说明：			
实施人			验收人	
完工日期			验收日期	

（2）实施过程

❶ 先将即将要拼入的单元模块搬运至智能立体仓库系统的对应位置周边（见图8-22）。

❷ 拆除原有的电源连接线缆，准备如图8-23所示的连接方式重新连接电源线缆。

图8-22　移动待拼入模块

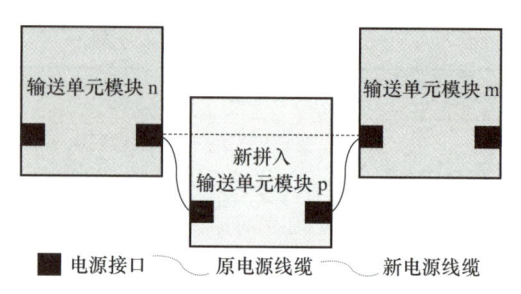

图8-23　拆除原电源线缆

❸ 使用两个电源连接线缆，分别连接新拼入输送单元模块与两端单元模块的电源接口，如图8-24所示。

❹ 拆除原有的网线，准备如图8-25所示的连接方式重新连接网线。

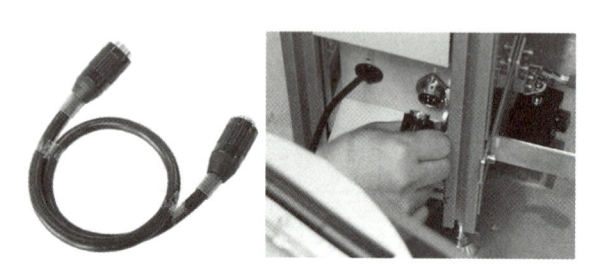

图8-24　连接电源

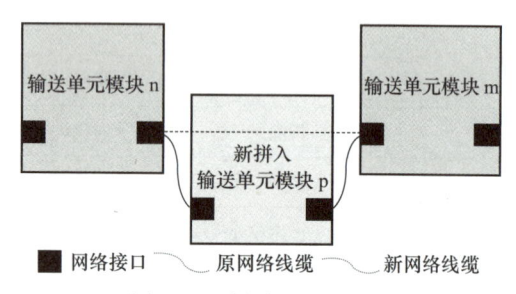

图8-25　拆除原网线

❺ 先将网线穿过空的接口，然后将网线插接到该单元模块的远程IO适配器的网口，如图8-26所示。这里的网口无须区分IN接口和OUT接口。

❻ 拆除原有的气管，准备如图8-27所示的连接方式重新连接气管。

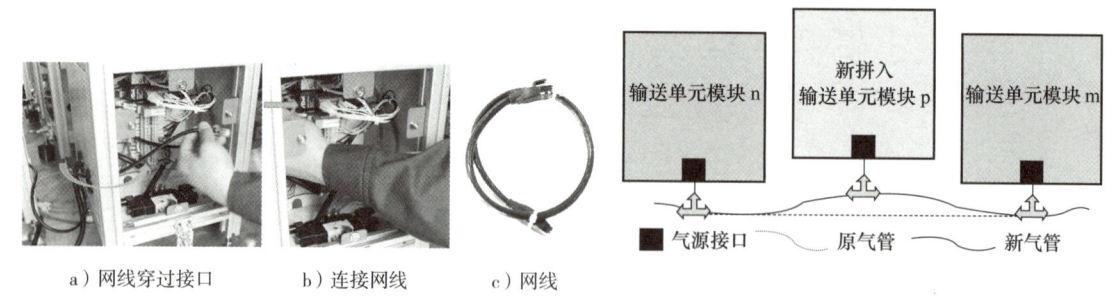

a）网线穿过接口　　b）连接网线　　c）网线

图8-26　插接网线

图8-27　拆除原气管

❼ 首先需要先使用正三通快速插接头将原气管分为两段并连接，然后在该接头的最后一个气管接口处再扩展一段气管，并将该气管穿过镂空的接口，最后将气管插接到该单元模块电磁阀处的气管接口处，如图8-28所示。

项目 8　智能仓储系统搭建与运维

a）气管穿过接口　　　b）插入气管　　　c）气管　　　d）正三通快速插接头

图 8-28　连接气管

8 在电、气、网络全部连接完毕后，盖上单元模块的防尘盖板，如图 8-29 所示。

9 移动新拼入的转台单元模块，调节单元模块的高度，使其与两侧模块在衔接位置处保持齐平，如图 8-30 所示。

图 8-29　盖上防尘盖板 　　　　图 8-30　拼入转台单元模块

10 使用水平尺分别检测新拼入的转台单元模块与两侧单元模块的高度是否统一，如图 8-31 所示。如果不统一，对单元模块的高度重新进行调整。

11 模块高度调整完毕之后，固定转台单元模块的磁吸装置，单元模块拼入完毕，如图 8-32 所示。

a）接口 1 检测　　　　　　b）接口 2 检测

图 8-31　输送链"转台"调平检测　　　　图 8-32　单元模块固定

169

任务评价

任务评价表见表8-5。

表8-5 任务评价表

阶段	序号	评分标准	配分	自评	教师评价
职业素养	1	积极参与团队任务，分工明确，团队协作高效	10		
	2	责任心强，勇于承担责任，不推卸问题和责任，对执行结果负责	10		
	3	任务完成后主动按照实训室要求对系统进行保存并恢复	10		
知识技能掌握	1	能够安全、准确地移动并安装设备单元模块	10		
	2	掌握机械安全拆卸和安装的技能	20		
	3	掌握电气安全拆卸和连接的技能	20		
实训成果	1	能够针对具体任务选用对应的、规划合理的硬件布局图	10		
	2	能够根据布局图搭建完整、无误的硬件系统	10		
合计					

任务 2　智能仓储系统的运维

任务描述

智能立体化仓库中物品得以正常流通，离不开设备的安全运行，更离不开对设备的日常操作和维护。小丁作为智能仓储系统的设备工程师，主要职责是确保系统内的自动化设备（如堆垛机、输送线和移载输送机等）能够顺畅且高效地运行。重点是监控和维护设备的日常运行状态，及时进行故障诊断和维修，保证物料和数据的流动不受中断。此外，还需要调整设备设置以应对不同的运行需求，确保系统能够在各种操作条件下都能达到最佳性能。

任务目标

- 熟悉智能仓储系统的物料入库传输过程及对应的设备动作。
- 熟悉智能仓储系统的物料出库传输过程及对应的设备动作。
- 能够在控制面板中切换智能仓储系统的运行模式。
- 了解智能仓储器件常见的异常以及处理方法。

任务准备

- 教学场地：设备实训室。
- 硬件系统：BTB智能仓储设备。
- 工具辅件：无。

- 准备操作：实训指导教师准备好储存有智能仓储系统的USB存储设备，以备恢复系统时使用。

任务分析

此任务主要是确保自动化设备（如堆垛机、输送线和移载输送机）的持续高效运行。小丁需要掌握智能仓储系统的各个机构，定期使用监控工具检查设备状态，迅速诊断和修复故障。完成维修后，进行操作流程的评估和优化以提高系统效率。同时，小丁需要详细记录所有维护活动。

课时安排

建议学时共4学时，其中相关知识学习建议2学时；学员练习建议2学时。

知识储备

> **素养案例**
>
> 习近平总书记在党的二十大报告中明确提出要"坚持创新在我国现代化建设全局中的核心地位"，并强调要不断提高创新思维能力。京东快递为了更好地满足用户的需求，通过引进自动分拣机器人，成功打造了智能快递物流的新标杆。京东快递的自动分拣机器人采用了先进的视觉和感知技术，能够准确、快速地识别和分拣各种形状、尺寸的包裹。无论是小型的包裹还是大件的商品，甚至是易碎品，机器人都能准确地进行识别和分类。除此之外，京东快递的自动分拣机器人还拥有强大的自主学习和智能运算能力。通过大数据分析和机器学习算法的应用，机器人能够不断优化自身的分拣策略，提高分拣的准确性和效率。它能够根据不同的包裹特征，智能调整自己的动作和力度，使每个包裹能够在顺利完成分拣的同时，保持良好的状态。

1. 智能仓储系统中的物料传输

（1）智能入库设备动作。物品执行智能入库，就是利用智能仓储设备（后简称：平台），从其上料入口一直到立体库的指定库位的过程。如图8-33所示为在当前图示布局的智能仓储设备中的入库路径。接下来我们将分别来认识物品在各类单元之间流通时设备的具体动作以及数据传输情况。

智能入库过程中，不仅仅是物料的流动运输，还伴随着数据的传输。如图8-34所示即为相关单元模块之间的数据传输过程。比如26-1-4-1-0，即为当前入库托盘编码为26号、物品类型为1类物品、托盘上有4个SKU单位、正在执行入库作业、要入库4个物品。

1）组盘→上料口。物品在组盘时，在WMS中会绑定当前即将要入库的托盘编码。如图8-35所示，平台的物料入口处有一个"守门员"——光电传感器，它会感应到当前是否有物料放入；入口处还有一个"检测员"——RFID读写器，会读取当前入库的托盘编码，只有当WMS的组盘编号和实际检测到的托盘编号一致，才会执行后续入库流程。反之，有物料放入时，如果当前托盘编号与WMS中的组盘编号不一致，那么平台会发出报警，警示当前入库错误。

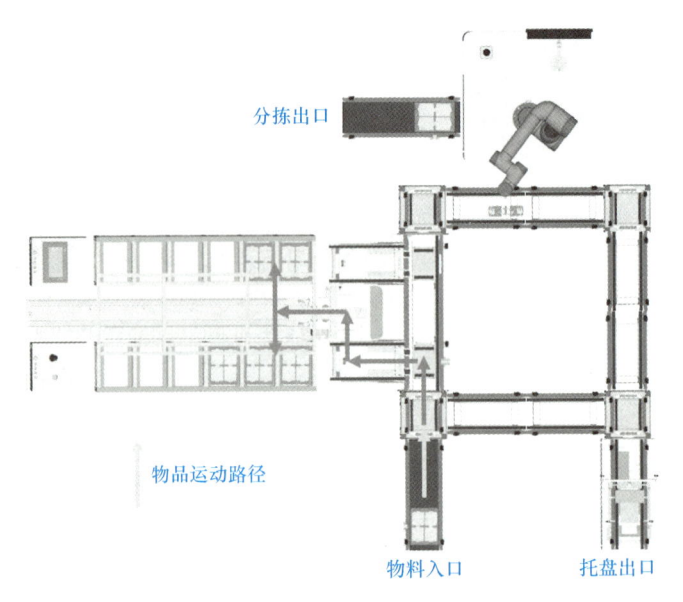

智能仓储设备运行与维护

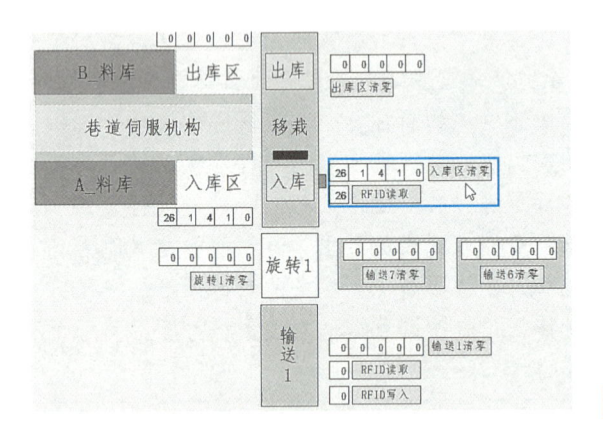

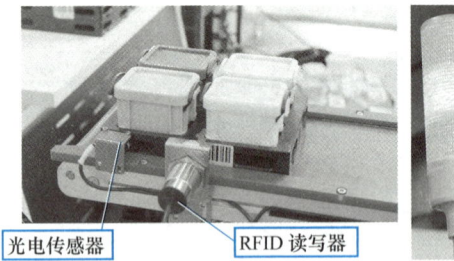

图 8-33 入库路径

图 8-34 入库过程的数据传输　　　　　图 8-35 组盘上料

2）转台→输送线。如图 8-36 所示，转台是输送线的"交通枢纽"，这个枢纽不仅可以接受入库和回库两个方向的物料，还可以将物料输送到移载输送机单元。

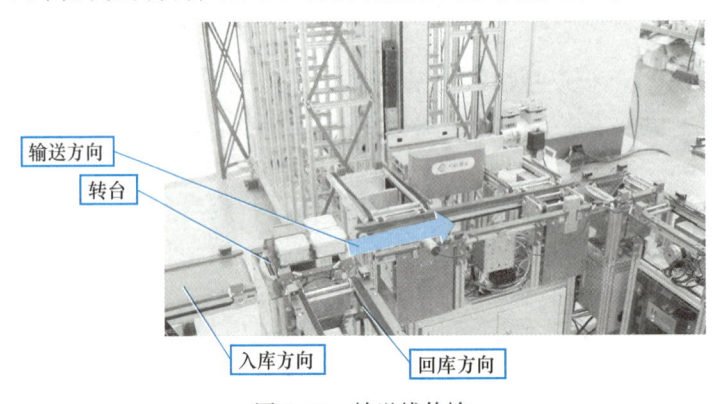

图 8-36 输送线传输

3）移载输送机→立库入口。如图 8-37 所示，立库入口会比移载输送机的高度略高一些，因此在分流时移载输送机会先升起顶升气缸将托盘顶起，然后顶升传送带会启动，便可将托盘顺利传输至入库输送机。

在移载输送机的入口处，安置有 RFID 读写器。平台在真正投入使用时，由于入库和回库的物品较多，信息也较为繁杂，因此此处的 RFID 读写器是准确入库的最后一道屏障。此处的电子数据决定后续的工艺流程走向：一方面物品可以在此处进入立体仓库；另一方面也可以直接在移载输送机的台面上流通至输送线的后续其他模块。

图 8-37　进入立库入口

4）入库输送机→堆垛机。如图 8-38 所示，即为堆垛机从入库输送机上取料的作业。堆垛机取料板的初始位置要高于入库输送机，因此要完成取料，需要先升起入库输送机末端的顶升装置以顶起托盘，然后堆垛机取料板伸出，输送机顶升装置下降，托盘就会自然地落在堆垛机的取料板上。收回取料板，堆垛机取料成功。

5）堆垛机→立体仓库。如图 8-39 和图 8-40 所示，堆垛机取料之后，便会在竖直平面（X-Z 平面）内根据即将要入库的仓位做定位运动。堆垛机在 X 方向和 Z 方向均配置了伺服电机，可以精确地移动到指定的仓位。到达相应位置后，堆垛机的取料板伸出，然后整个堆垛机下降，托盘就被放置在指定仓位中了。此时堆垛机收回取料板，回归到伺服原点，继续执行后续入库任务。

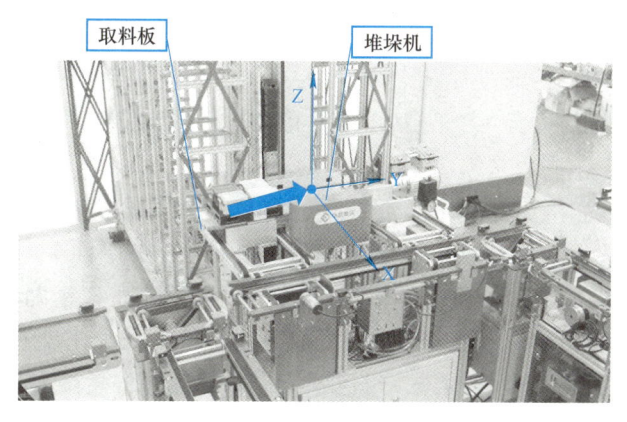

图 8-38　堆垛机取料

智能仓储设备运行与维护

图 8-39　转移入库

图 8-40　入库成功

（2）智能出库设备动作。物品执行智能出库，就是利用智能仓储设备（后简称：平台），从立体仓库的某库位一直到分拣出口的过程。图 8-41 所示即为在当前图示布局的智能仓储设备中的出库以及回库路径。接下来我们将分别来认识物品在各类单元之间流通时设备的具体动作以及数据传输情况。

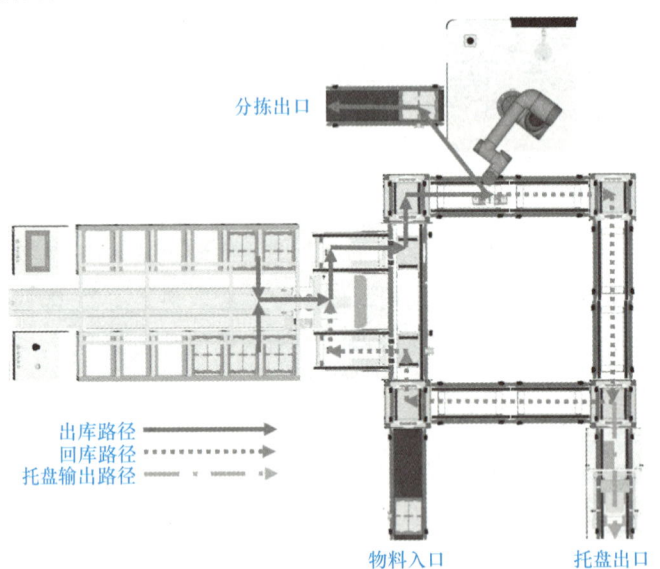

图 8-41　出库路径

智能出库过程中，不仅仅是物料的流动运输，还伴随着数据的传输。图 8-42 所示即为相关单元模块之间的数据传输过程。比如 26-1-4-1-4，即为当前出库托盘编码为 26 号、物品类型为 1 类物品、托盘上有 4 个 SKU 单位、正在执行出库作业（入库该数字为 0）、要拣出 4 个物品。

1）立体仓库→堆垛机。WMS 在新建出库任务时，会生成对应的库位编号。当出库任务由 WMS 下发至智能设备之后，堆垛机便会在竖直平面（X-Z 平面）内根据即将要出库的仓位做定位运动。堆垛机在 X 方向和 Z 方向均配置了伺服电机，可以精确地移动到指定的仓位。到达指定库位后，堆垛机的取料板伸出，然后整个堆垛机上升，托盘就被堆垛机取出。此时堆垛机收回取料板，回归到伺服原点，继续执行后续出库任务。图 8-43 所示为堆垛机从库中取出物料的场景。

174

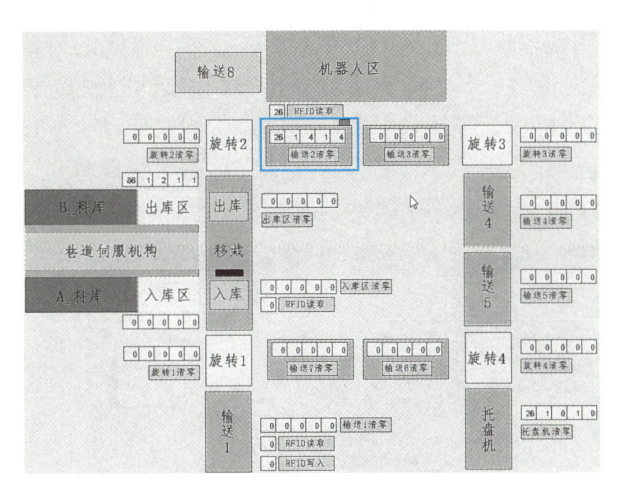

图 8-42 出库过程的数据传输

图 8-43 堆垛机取出物料

2）堆垛机→出库输送机。如图 8-44 所示，即为堆垛机放料至出库输送机上的作业。堆垛机取料板的初始位置要高于出库输送机的顶升装置。取料板伸出之后堆垛机下降，此时取料板上的托盘被放置在出库输送机的顶升装置，随后取料板收回，堆垛机放料成功。

3）立库出口→移载输送机。出库输送机取得物料之后，其顶升装置下落，台面的同步带输送机运行，托盘被输送至移载输送机上。

图 8-44 堆垛机放料

如图 8-45 所示，移载输送机的入口位置需要具备两个方向的传输功能：其一要接收来自出库输送机的物料横向传输；其二要满足物料在移载输送机上的纵向传输。当物料到达出库输送机的出口时，移载机顶升装置升起，横向同步带同时启动，辅助将托盘横向传输至移载输送机。随后移载机顶升装置下降，托盘自然落在移载机纵向输送带上。此后托盘就可以直接在移载输送机的台面上流通至输送线的后续其他模块。

图 8-45 托盘传输至移载输送机

4）输送线→智能分拣单元。在智能分拣单元对应的输送线处，安置有 RFID 读写器。平台在真正投入使用时，由于入库和回库的物品较多，信息也较为繁杂，因此此处的 RFID 读写器是准确出库的最后一道屏障。此处的 RFID 读写器首先会校核待拣出的托盘编号。电子信息本身包含有当前物料数量、拣出物料数量、当前执行工艺等信息。若当前正在执行出库任务，托盘便会在此位置暂停，等待拣出，如图 8-46 所示。

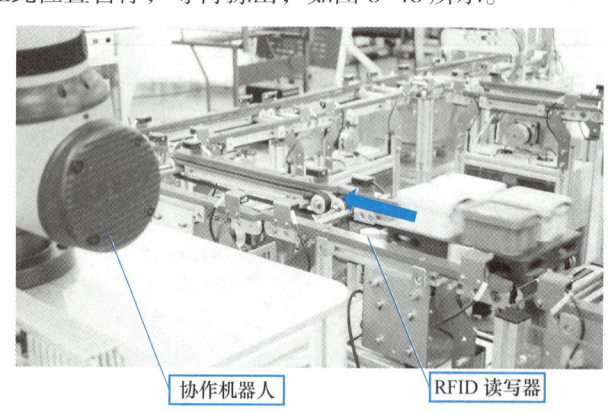

图 8-46 托盘运动至待拣出位置

5）智能分拣单元→分拣出口。智能分拣单元的协作机器人接收到系统传输的拣出物料数据，便通过末端配置的 3D 视觉检测装置快速锁定当前分拣的物料具体位置，然后利用末端的吸盘工具吸取物料，将其放置在分拣输送线上。如图 8-47 所示，机器人正在拣出托盘中的物料箱。

6）输送线→托盘机。拣出完成后的托盘有两种状态：一种托盘为空，一种托盘还有剩余物料。当托盘为空时，则会由输送线传输至托盘机。当托盘机中托盘达到一定数量时，托盘机会自动推出所有的托盘，同时系统会发出提示声响，提醒出库管理员收取控制托盘，如图 8-48 所示。

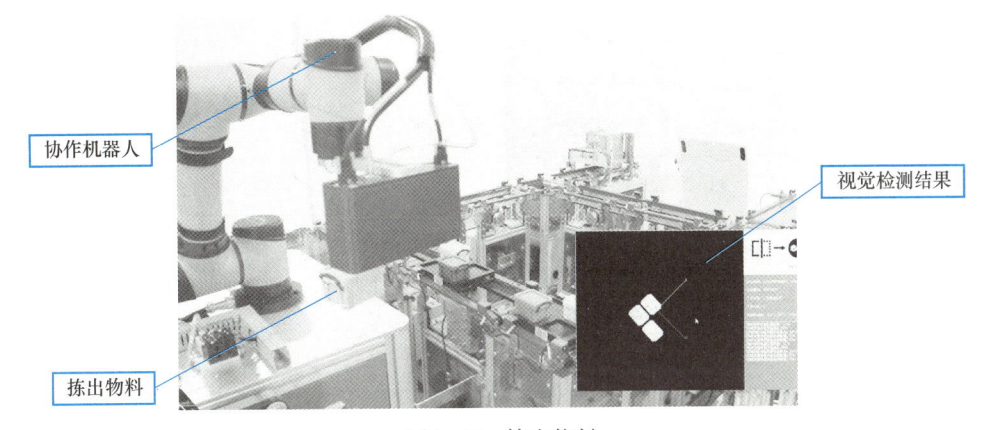

图 8-47 拣出物料

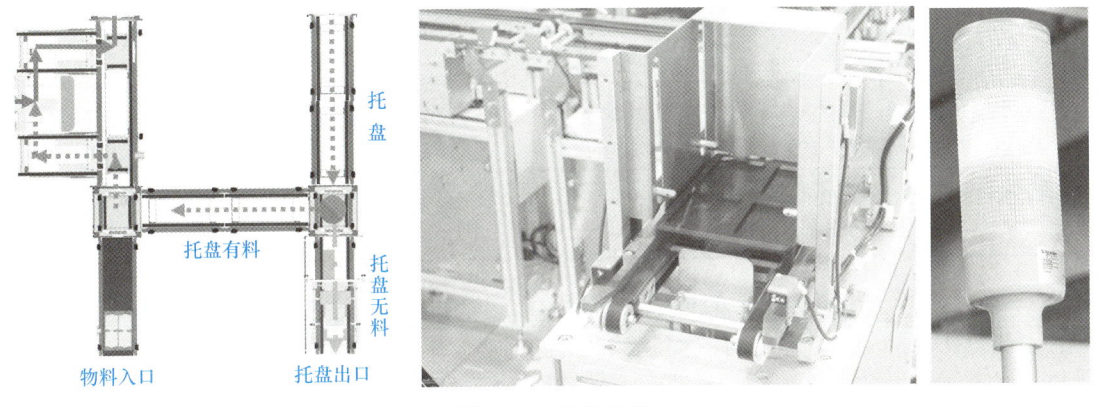

图 8-48 收纳托盘

7）输送线→回库。当托盘还有剩余物料时，则会执行回库任务。物品会经由输送线→移载输送机→入库输送机→自动立库，重新存储到立体仓库，如图 8-49 所示。回库时的设备动作与入库基本相同。

图 8-49 回库

2. 常见器件异常及处理

（1）触摸屏故障诊断及处理。

1）通信故障。通信故障的原因多种多样，需要从软件和硬件两方面去查找与分析。触摸屏常见通信故障的诊断及处理方法见表8-6。

表8-6　触摸屏常见通信故障的诊断及处理方法

序号	故障现象	故障原因诊断	故障处理方法
1	无法通过触摸屏控制外围设备实现所需动作	触摸屏程序编写错误	重新检查触摸屏程序，根据电路图检查触摸屏程序中与PLC关联的信号是否正确
		PLC程序编写错误	重新检查PLC程序，根据电路图检查程序中添加的信号是否正确
		通信线路没有接对或接触不良	根据电气图重新排除网络通信接线，保证网线接线没有错误、接线没有松动
		同一网络中其他设备的网络组态存在错误	在博途软件中检查设备之间的通信设置，要求站之间的地址不能冲突，且通信协议选择相同
2	通信网线出现破损	网线在布线过程中经过挤压或人为拉扯导致破损	直接更换新的网线
3	触摸屏IP地址出现错误报警	触摸屏IP地址与集成系统网络中其他设备的IP地址出现重叠	重新设定触摸屏设备的IP，保证其与集成系统网络中其他设备的IP地址不重叠

2）硬件故障。由于触摸屏的屏幕是玻璃材质，而且操作人员手部接触触摸屏的次数较多，不当操作下的外力因素也可能引起触摸屏的损坏。更换触摸屏屏幕、电路板等，都需要维修人员掌握一定的电路原理和专业的维修知识。触摸屏常见硬件故障的诊断及处理方法见表8-7。

表8-7　触摸屏常见硬件故障的诊断及处理方法

序号	故障现象	故障原因诊断	故障处理方法
1	触摸屏触摸不灵	液晶显示和玻璃对应的按钮等位置偏移造成的	通过触摸屏系统自带的"校正中心点"功能重新校正触摸屏
2	触摸屏屏幕出现破损	操作人员不当的外力操作导致触摸屏破损	联系生产厂家更换触摸屏屏幕
3	触摸屏液晶屏幕没有显示或者显示不正常	触摸屏液晶屏幕老化	联系生产厂家更换触摸屏屏幕
4	触摸屏电路板故障	晶振、外围IC等故障	联系生产厂家维修或更换触摸屏电路板

（2）光电传感器故障诊断及处理。光电传感器通常用来检测物料是否存在。在智能设备中通常布置在输送链、加工工位、分拣工位等，如图8-50所示。当物体到达固定位置时，

便会触发光电传感器的检测信号（漫反射型和对射型传感器的原理不同），系统通过该信号就可以判定当前物料的状态。

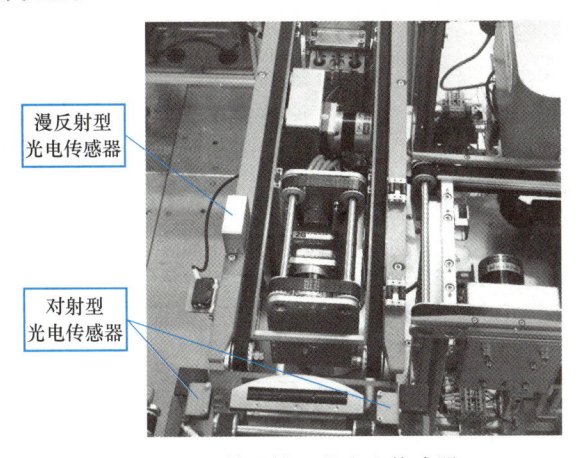

图 8-50　输送链上的光电传感器

光电传感器产生故障的原因有很多，大体分为三个方面：①传感器自身的问题；②检测物体方位的问题；③检测环境的问题。光电传感器在使用过程中常见故障的诊断及处理方法见表 8-8。

表 8-8　光电传感器常见故障的诊断及处理方法

序号	故障现象	故障原因诊断	故障处理方法
1	光电传感器输出信号不稳定	供电不正常	给传感器提供稳定的电压，供给的电流必须大于传感器的消耗电流
		检测频率太快	被测物体通过的速度必须比传感器的响应速度慢
		被测物体尺寸问题	被测物体尺寸必须大于标准检测物体或者最小检测物体
		被测物体不在传感器稳定检测区域内	适当调整被测物体的距离，必须在传感器稳定检测范围内检测
		电气干扰	布线时与强电的布线分开；如现场存在辐射干扰，在干扰源与传感器之间插入屏蔽的钢板
2	光电传感器检测到物体后没有信号输出	接线或者配置不正确	检查硬件接线，对射型光电传感器必须由投光部和受光部组合使用，两端都需要供电。回归反射型必须将传感器探头和回归反射板组合使用
		供电不正确	必须给传感器提供稳定的电源，如果是直流供电，必须确认正负极
		传感器光轴没有对准	对射型的光电传感器投光部和受光部光轴必须对准 回归反射型的光电传感器探头部分和反光板光轴必须对准
		检测物体不能小于最小检测物体	对射型、反射型不能很好地检测透明物体 反射型对检测物体的颜色有要求，颜色越深，检测距离越近
		环境干扰，光照强度不能超出额定范围；现场环境有粉尘	检测周围环境的光照强度，不在日光直射场所下使用；定期清理传感器探头表面
		电气干扰，周围有大功率设备	布线时与强电的布线分开；如现场存在辐射干扰，在干扰源与传感器之间插入屏蔽的钢板

（3）继电器故障诊断及处理。中间继电器（见图8-51）是一种电磁继电器，其感测机构都是电磁系统结构，而电磁系统出现的故障主要集中在线圈与动、静铁芯部分，故障的查找和检修的目标应重点放在这些部位。接下来以某品牌中间继电器为例，介绍中间继电器常见故障的诊断及处理方法，具体见表8-9。

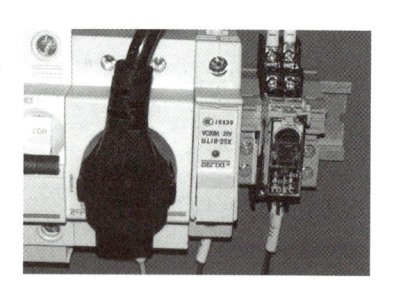

图8-51　中间继电器

表8-9　中间继电器常见故障的诊断及处理方法

序号	故障现象	故障原因诊断	故障处理方法
1	继电器线圈故障	继电器的线圈绝缘损坏	重新绕线圈
		继电器受机械损伤，形成了匝间短路或接地	
		由于电源电压过低，动、静铁芯接触不严密，使得通过线圈的电流过大，造成线圈发热以致烧毁	
		线圈引出线连接处脱落，使得线圈断路	检查脱落处，焊接上
2	继电器线圈通电后，衔铁的噪声大	动、静铁芯接触面不平整，或有油污染	取下继电器线圈，锉平或磨平其接触面，如有油污，应进行清洗
		短路环断裂	修理或更换新的短路环
3	继电器线圈断电后，衔铁不能立即释放	铁芯气隙太小	调整气隙
		弹簧劳损	更换弹簧
		铁芯接触面有油污	用汽油清洗油污

（4）气路故障诊断及处理。智能仓储设备的供气系统如图8-52所示。智能仓储设备的气源为空气压缩机，协作机器人的末端吸盘、转台的旋转装置、托盘机的定位装置、移载机的顶升装置等均由气动驱动。操作维护人员需定期检测整个集成系统的气路连接稳固性、气动元件是否完好，并制定完整的维护维修方案，从而保持整个气动系统功能正常。气路常见故障的诊断及处理方法见表8-10。

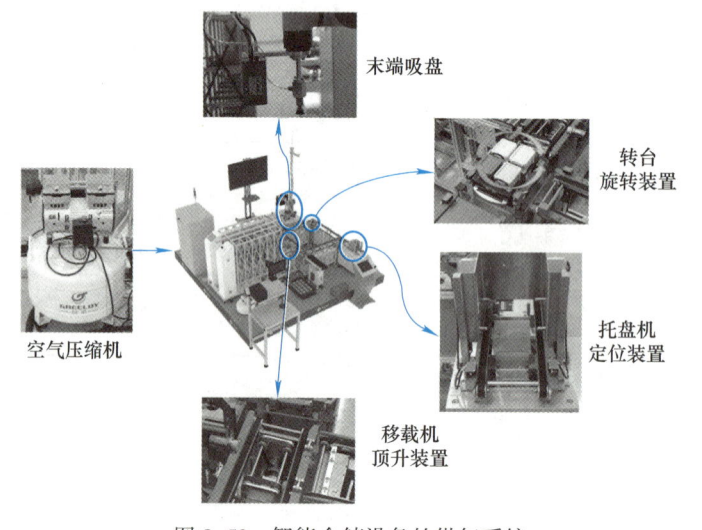

图8-52　智能仓储设备的供气系统

表 8-10　气路常见故障的诊断及处理方法

序号	故障现象	故障原因诊断	故障处理方法
1	气管的接口处有损坏	气管产品质量原因	直接更换气管
2	气管漏气	气路连接处气管未插好	重新拔插气管，紧固气路连接
3	气路连接相关设备功能异常，如气缸无法实现推出、缩回动作，吸盘刚吸取部件就掉落等	压缩空气压力值太小	检查空气压缩机是否已打开，工作是否正常，确保空气压缩机的气路压力值在 0.4MPa 以上
		手滑阀未打开	打开手滑阀
		气缸、电磁阀、调速阀等硬件损坏	更换备件
		气路接线错误	根据气路图检查气路接线是否正常，如接线错误需重新接线

（5）步进电机系统故障诊断及处理。

1）电机故障与处理。步进电机常见故障诊断与处理方法见表 8-11。

表 8-11　步进电机常见故障诊断及处理方法

序号	故障现象	故障原因诊断	故障处理方法
1	起动和运行速度慢	轴承损坏	更换新的轴承
		端盖止口与定子外壳不同心	更换新端盖，新端盖止口车削要按外壳止口公差尺寸配车
		转轴变弯	采用调直方法调直弯曲端或更换新轴
2	运行中失步	大惯性负载	采用机械阻尼方法或加大负载的摩擦力矩，用以消除或吸收振荡能量
		原先采用双电源供电的，现改为单电源供电	重新恢复双电源供电
3	定子控制绕组开路	引线接头处断开	用万用表电阻挡位检测，找到故障处，将断开两头漆皮刮掉后拧紧再焊牢，包上绝缘
		焊接处全脱焊	
4	电机过热	轴承损坏、转轴弯曲等机械故障造成定转子相擦而过热	见"起动和运行速度慢"故障现象对应的故障排除方法
		润滑油脂过多或干涸	更换变质、干涸的润滑油脂

2）驱动器故障与处理。为了保证物料输送的精确性，输送链的驱动电机均由步进电机来执行。步进电机驱动器常见故障诊断及处理方法见表 8-12。

表 8-12　步进电机驱动器常见故障诊断及处理方法

序号	故障现象	故障原因诊断	故障处理方法
1	电机不转	未通电	正常供电
		电流设定太小	根据电机额定电流，选择合适电流挡
		驱动器已保护	排除故障后，重新上电
		使能信号为低	此信号拉高或未接
		控制信号问题	检查控制信号的幅值和宽度是否满足要求
2	电机转向错误	电机线接错	任意交换电机同一相的两根线（例如 A+、A- 交换接线位置）
		电机线有断路	检查并接对
3	报警指示灯亮	电机线接错	检查接线
		电压过高或过低	检查电源电压
		电机或驱动器损坏	更换电机或驱动器

智能仓储设备运行与维护

（续）

序号	故障现象	故障原因诊断	故障处理方法
4	位置不准	信号受干扰	排除干扰
		屏蔽地未接或未接好	可靠接地
		细分错误	正确设置细分
		电流偏小	适当加大电流
		控制信号问题	检查控制信号是否满足时序要求
5	电机加速时堵转	加速时间太短	适当增大加速时间
		电机扭矩太小	选大扭矩电机
		电压偏低或电流太小	适当提高电压或设置更大的电流

任务实施

智能仓储系统运行模式的切换

（1）工单（见表8-13）

表8-13　工单

公司			编号	
调试类工作任务单				
申请部门：仓管部门				申请日期：
实施名称	智能仓储系统运行模式的切换		要求完工日期	
实施背景	为适应不同的工况，智能设备具备多种运行状态和模式。从设备运行角度而言，运行状态分为手动状态与自动状态。其中手动状态主要适用于设备点检、调试等场合；自动状态主要适用于的设备的日常运营。从作业角度而言设备在日常作业时又可以细分为电气模式与WMS模式。其中电气模式下的仓储数据会上传至PLC；WMS模式下的仓储数据会上传至WMS服务器，它们的数据是相互隔离的，可以满足不同场合下的业务需求			
辅件申请	无			
	工作流程			辅助工具
1	系统由自动模式切换至手动模式			
2	系统由手动模式切换至自动模式			
3	系统由电气模式切换至WMS模式			
4	系统由WMS模式切换至电气模式			
实施要求	模式切换成功			
实施参考	智能设备的运行模式			
申请人			主管	
检验结果	□合格　　　□需返修　　　□报废　具体说明：			
实施人			验收人	
完工日期			验收日期	

（2）实施过程

1 如图 8-53 所示，人工操作平台初次登录时，设备处于手动模式下的电气模式。由手动模式变为自动模式，只需要点击操作台屏幕下边操作栏中的"自动启动"即可。

2 如图 8-54 所示，当前智能设备即处于自动模式中。

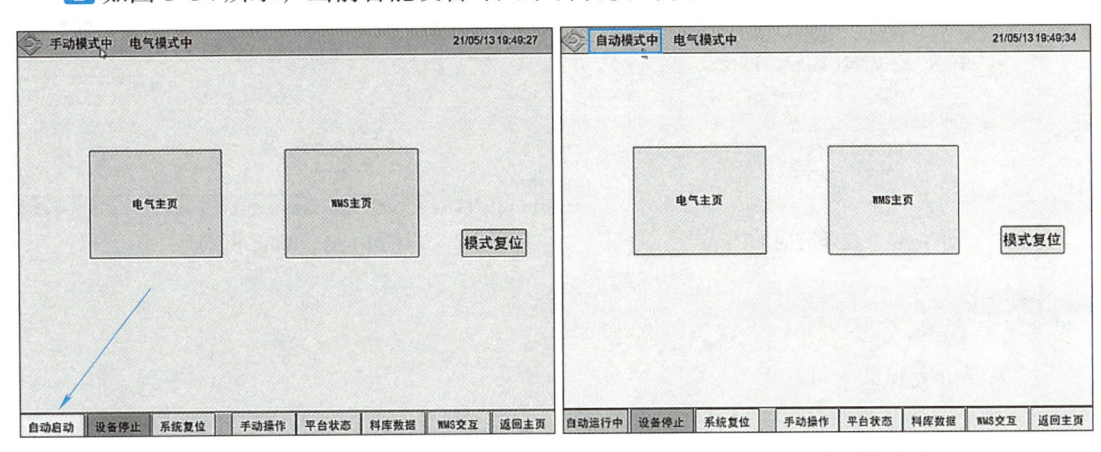

图 8-53　手动模式→自动模式　　　　　　图 8-54　自动模式中

3 若需要由自动模式变为手动模式，点击"设备停止"按钮即可实现，如图 8-55 所示。注意，在设备作业过程中，不得直接改变运行模式。

4 电气模式与 WMS 模式的相互切换。这两种模式需要在手动模式下切换。如图 8-56 所示，设备默认模式为电气模式，先点击"模式复位"按钮。

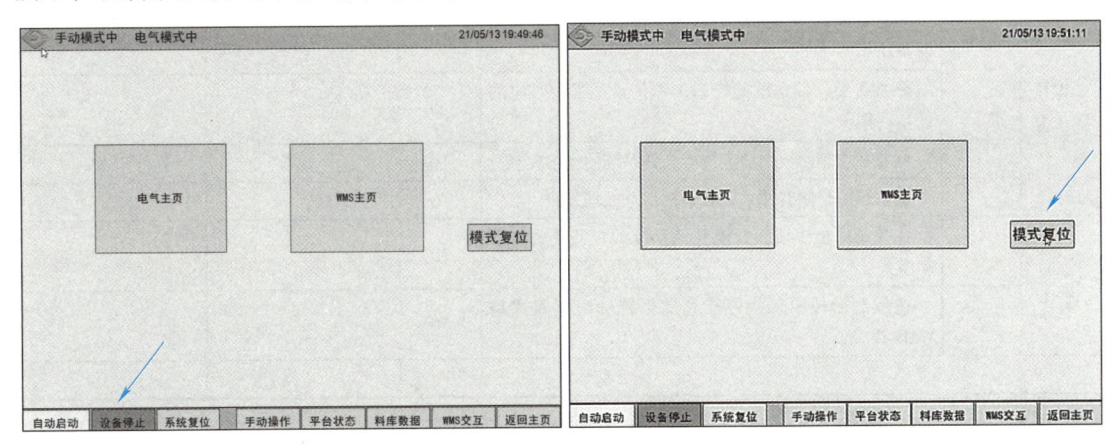

图 8-55　自动模式→手动模式　　　　　　图 8-56　模式复位

5 操作平台显示两种选择模式：电气模式、WMS 模式。对于仓库而言，切换作业模式是非常重要的事件，因此为了防止误操作，需要长按对应的模式按钮 1s，才能确认，如图 8-57 所示。

6 如图 8-58 所示，系统已经切换至 WMS 模式。由 WMS 模式切换至电气模式的方式同理。

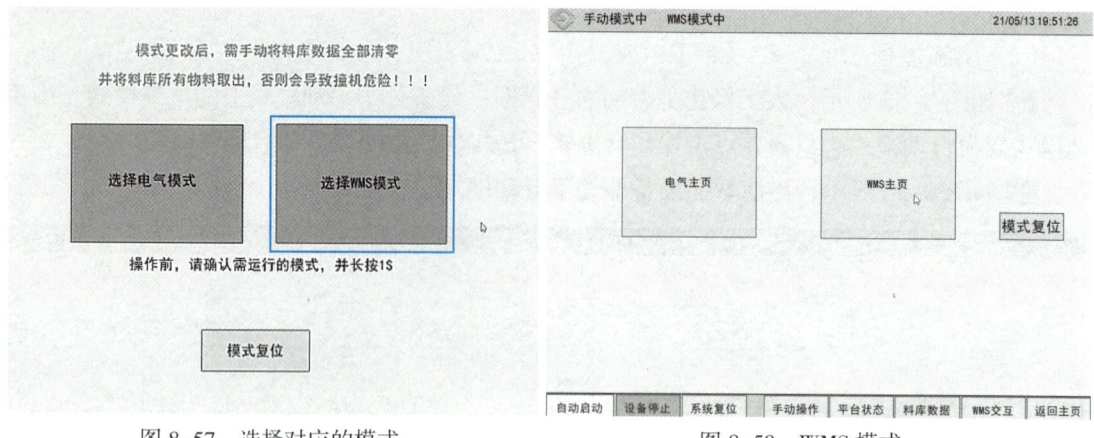

图 8-57　选择对应的模式　　　　　　　　图 8-58　WMS 模式

任务评价

任务评价表见表 8-14。

表 8-14　任务评价表

阶段	序号	评分标准	配分	自评	教师评价
职业素养	1	积极参与团队任务，分工明确，团队协作高效	10		
	2	责任心强，勇于承担责任，不推卸问题和责任，对执行结果负责	10		
	3	任务完成后主动按照实训室要求对系统进行保存并恢复	10		
知识技能掌握	1	熟悉智能仓储系统的物料入库传输过程及对应的设备动作	10		
	2	熟悉智能仓储系统的物料出库传输过程及对应的设备动作	20		
	3	能够在控制面板中切换智能仓储系统的运行模式	10		
	4	了解智能仓储器件常见的异常以及处理方法	10		
实训成果	1	在控制面板中切换智能仓储系统的自动模式与手动模式	10		
	2	在控制面板中切换智能仓储系统的电气模式与 WMS 模式	10		
		合计			

项目评测

一、选择题

1. 搭建智能仓储硬件系统时，在输送线的人机入口处应该选用（　　　）；在中间的输送线上，应该选用（　　　）。

　　　　A．皮带输送机　　　　　　　　B．移载输送机
　　　　C．同步带输送机　　　　　　　D．托盘机
　　2．移载输送机通常不会在下列哪些场景下使用（　　）。
　　　　A．巷道立体仓库接口　　　　　B．人机入口处
　　　　C．分拣输出口　　　　　　　　D．多方向传输道口处
　　3．智能仓储设备在哪种状态下，可对设备进行调试（　　）。
　　　　A．自动运行状态　　　　　　　B．报警状态
　　　　C．手动运行状态　　　　　　　D．以上任意一种状态
　　4．下列哪种情况会造成光电传感器传感信号不稳定（　　）。
　　　　A．供电不正确　　　　　　　　B．传感光轴没有对准
　　　　C．周围光照强度超出额定范围　D．电气干扰

二、填空题

　　1．输送枢纽的布置形式包括_____、_____、_____、_____共4种类型。
　　2．在进行模块的拼入和装配时，需要事先准备_____、_____、_____以及_____等辅件。
　　3．固定单一模块的主要步骤分为_____、_____和_____三个步骤。

三、判断题

　　1．当协作机器人可能要发生撞机事件时，为保险起见，需尽快直接按下总控单元的紧急停止按钮。（　　）
　　2．当电机运行发热，检查负载、更换已经干涸的润滑脂是有效的手段。（　　）
　　3．急停装置的急停权限是有所不同的，通常总控单元的权限比单一模块的权限大。（　　）

四、简答题

　　1．简述系统是如何在自动模式和手动模式间相互切换的。
　　2．简述智能出库的设备动作。

参 考 文 献

[1] 田翠华. 基于 GT4 的物联网交通信息服务仿真研究 [M]. 厦门：厦门大学出版社，2017.
[2] 何黎明，张晓东，马增荣. 中国物流技术发展报告 2018[M]. 北京：中国财富出版社，2018.
[3] 刘小玲，刘海东. 物流装卸搬运设备与技术 [M]. 杭州：浙江大学出版社，2018.
[4] 赵智锋. 物流设施设备运用：修订版 [M]. 上海：上海财经大学出版社，2017.
[5] 马志敏. 工业 4.0 技术及应用 [M]. 北京：化学工业出版社，2018.
[6] 刘凯. 智能仓储优化管理系统的设计与实现 [D]. 北京：北京工业大学，2020.
[7] 王立平. 基于柔性分拣单元的高效智能分拣系统研究 [D]. 南京：南京航空航天大学，2018.
[8] 金亚萍. AGV 引爆物流智能化革命 [J]. 机器人产业，2017（2）：36-43.
[9] 解玉满，严向前，邹宇. 自动化立体仓库中堆垛机的原理与应用 [J]. 大众用电，2018（3）：22-23.
[10] 李建军，梁硕. 射频技术在物流行业中的应用分析 [J]. 现代经济信息，2016（4）：351.